Autor: Lauro Trevisan
Lançamento: julho 2007
Editora da Mente - Santa Maria - Rs - Brasil
Capa: Art/meio

EDITORA DA mente

Editora e Distribuidora da Mente Ltda
Rua Tuiuti, 1677 – caixa postal 559
97015-663 – Santa Maria Rs – Brasil
Fone (0xx55) 3223.0202 – Fax(0xx55)3221.7184
E-mail: mente@editoradamente.com.br
Internet: www.editoradamente.com.br
www.radiolaurotrevisan.com.br
Autor: laurotr@uol.com.br

LAURO TREVISAN

Como se Faz Um Craque de futebol

EDITORA DA MENTE

* * * * *

Agarra-te a este momento.
O que puderes fazer ou sonhar
que podes fazer, começa a fazê-lo.
A coragem traz em si a genialidade,
o poder da magia.
Empenha-te somente
e a mente se aquecerá.
Começa e o trabalho será completado.
Goethe

☆ ☆ ☆ ☆ ☆

* * * * *

Não se preocupe com o ponto de partida. Todos os grandes e famosos começaram como você. Assim, simplesmente. Sem mistério. Comendo sanduíche na hora do almoço. Pegando ônibus de vila. Para o pontapé inicial, nada será exigido, a não ser vontade inabalável de ser craque. A decisão definitiva de ser craque é sempre gerada pelo entusiasmo soprando fogo no coração.

Com carinho,

Lauro

☆ ☆ ☆ ☆ ☆

* * * * *

CRAQUE FAZ-SE, NÃO NASCE FEITO. Você nasceu como qualquer craque. Com duas pernas, dois braços, dois olhos, dois ouvidos, duas mãos, um cérebro, um tronco, uma coluna vertebral. As ferramentas são as mesmas.

O ponto de partida, as regras, as condições e o término, são iguais para todos.

Quando você entra em campo, o deus dos esportes avisa:

"Aqui está o campo, aqui está a bola, aqui estão os onze de cada lado, vença o melhor".

* * * * *

CAPÍTULO 1

Vamos lá!

Uma coisa é jogar futebol com os pés; outra coisa é jogar com os pés e a cabeça; outra coisa bem diferente é jogar com os pés, a cabeça e o cérebro; e bem outra coisa é jogar futebol com os pés, a cabeça, o cérebro e a mente; mais fantástico ainda é jogar com os pés, a cabeça, o cérebro, a mente e o coração; finalmente, o máximo é jogar com os pés, a cabeça, o cérebro, a mente, o coração e o espírito. Quem chegou a este estágio é um craque. Este não lida com sorte, azar, bom ou mau momento, altos e baixos.

O craque joga com a precisão de um cirurgião, o cálculo de um engenheiro, a certeza de um matemático, a beleza de uma obra de arte e a previsibilidade e vidência de um Nostradamus.

O craque é o jogador completo. Até seus erros dão certo. É por isso que lhe cabe o privilégio dos deuses. É erguido ao topo da fama, consagrado como ídolo da torcida, centro de manchetes e reportagens, sonho de qualquer clube, milionário dos esportes. Os outros jogadores são os outros. O craque é o jogador.

Ser craque é o caminho. Um caminho aberto, nada íngreme, feliz, agradável, simples e inolvidável. Um caminho feito de entusiasmo, determinação, fé e persistência.

Você quer ser apenas jogador de futebol ou aspira a ser um craque? Ou, quem sabe, contenta-se em ser boi em terreiro de touro?

Conte-me: pretende ser jogador comum, feijão-com-arroz? Quando muito, um atleta diferenciado? Ou quer ser craque?

Há jovens que buscam sobrevivência em clube da Sibéria, do Deserto do Saara, e, se tudo correr bem, acham ótimo um contrato com o campeão do Afeganistão.

Diga a verdade: quer ser craque?

Se aceita o destino de ser chamado de

cabeça-de-bagre, feche este livro e vá se consolar com uma caipirinha no bar da esquina.

Não quero saber se mora em Porto Alegre, no Rio, em São Paulo, no Rincão dos Afogados, em São José dos Ausentes ou nos Cafundós do Judas. Só quero saber se deseja ser craque.

A decisão é sua, a responsabilidade é minha.

Não responda que vai pensar no caso, pois pensando morreu um burro, dizia o meu avô. Cavalo encilhado só passa na sua frente uma vez, diz o gaúcho. O futuro craque tem a resposta na ponta da língua, porque faz parte do seu DNA.

O futuro craque está decidido a chegar lá, embora não saiba o caminho. Não pensa duas vezes. Paga pra ver. Mete as chuteiras na sacola e pega o rumo do coração.

São esses que eu procuro, para o resto não conto o segredo.

* * * * *

Mas, se você não quer ser craque, não se deprima, vá jogar futebol por lazer e prazer, nos campinhos da várzea. Milhões de pessoas se divertem chutando bola, felizes da vida. Por sinal, praticar esportes é ótimo para a saúde, principalmente nesses tempos sedentários de computador e internet. De mais a mais, todos sabem que praticar esportes libera endorfina, o hormônio do prazer e do bem-estar.

* * * * *

Veja só, você continua me lendo. Muito bem, será um craque. Prometo. Comece a sonhar com o aplauso, a fama e os milhões. Aliás, dizem os estudiosos da mente que todo sonho acreditado se torna realidade. Repito para você a famosa frase de Walt Disney: "Se você pode sonhar, pode realizar". Mas, não basta sonhar, é preciso acordar. Vá em frente, não espere que o empurrem.

O famoso dançarino Nureiev, ainda hoje cantado em prosa e verso, no mundo todo, disse esta frase, no final do filme "Nureiev – O Mito do Balé":

"Você tem de ser fiel
àquilo que faz.
Dançar é o que eu faço.
É minha vida".

Jogar futebol é sua vida?

Para ser craque, seja fiel àquilo que faz. Tenha o futebol entranhado em todas as dimensões do seu ser.

Li, certa vez, na revista "Você S/A", o seguinte:

"É importante desenvolver as competências para alcançar uma posição".

Sei que você, que vem de uma favela, de uma vila pobre, mal e mal arranhando seu nome, está ansioso por perguntar:

- É preciso ter estudo, cultura, Faculdade, recursos, para ser um craque?

Guarde essa preocupação. Deixe o assunto para mim. Continue a leitura, que craque não pára no meio do caminho.

CAPÍTULO 2

Para Início de Conversa

Vamos começar do começo, como diz o outro. Defina, antes de tudo, que tipo de jogador pretende ser.

Como escrevi antes, existe jogador de lazer e jogador profissional.

Dirijo-me apenas ao jogador profissional, atual ou futuro. Minha conversa é com jogador de carreira, mesmo que, por ora, esteja apenas brincando com a bola. Não importa se, neste momento, é subdez, subdezessete, subvinte, ou subnada.

Assim como alguém busca a Medicina, a

Engenharia, a Psicologia, quero comigo aqui o que busca a profissão de Jogador de Futebol. Você. Farei de você um Phd em futebol. Será, com certeza. Phd em futebol se chama: *craque.*

Não se preocupe com o ponto de partida. Todos os grandes e famosos começaram como você. Assim, simplesmente. Sem mistério. Comendo sanduíche na hora do almoço. Pegando ônibus de vila. Para o pontapé inicial, nada será exigido, a não ser vontade inabalável de ser craque. A decisão definitiva de ser craque é sempre gerada pelo entusiasmo soprando fogo no coração.

PRIMEIRO PASSO: O DESEJO

Querer não é tudo, mas é o primeiro degrau. Sem o desejo, não há jogador. Não basta, porém, um desejo vago, indefinido. Refiro-me ao desejo incendiado pela fé e carregado pela determinação. Falo daquela energia chamada ambição, capaz de resistir às negativas do pai e às ridicularizações dos irmãos: "O que é isso, cara? Estás maluco? Sai dessa. Vai estudar, vai rachar lenha, vai ser mecânico, médico, engenheiro, qualquer coisa, mas pára de pensar bobagem!"

O futuro craque não se abala. A vontade corre nas veias. Com o primeiro dinheirinho, lá vai ele comprar uma bola. E sai por aí chutando bola, chutando laranja, chutando pedra, fazendo firulas com a almofada da casa. O piá é uma sarna para a família.

Onde se encontram dois beberrões há uma cachaça no meio; onde se encontram dois garotos, há uma bola no meio. "Cada qual com seu cada qual".

Logo mais, esse piá fará de tudo para entrar numa escolinha de futebol. São os degraus do futuro craque. Esse é o caminho. Como diz o ditado castelhano: "El camino se hace caminando!" Ou, como disse o conhecido técnico Luis Felipe Scolari:

"Esteja sempre preparado para as oportunidades".

*****

Atenção!

Eis aqui umas dicas para saber se o seu destino é realmente o futebol:

1 - *Gosta de jogar futebol.* O sucesso depende de fazer o que gosta e gostar do que faz. Quem faz o que gosta, não trabalha, se diverte. Divertimento libera endorfina, o hormônio do prazer e do bem-estar. Toda atividade feita com prazer está destinada ao sucesso.

Walt Disney fez esta recomendação:

"Primeiramente, encontre algo que você goste tanto de fazer que não se importaria de fazê-lo sem receber nada por isso; aprenda então a fazê-lo tão bem que as pessoas se sintam felizes em lhe pagar para que o faça".

Não se meta a jogar futebol só porque vê os outros ganharem bom salário. Faltando-lhe o fogo do entusiasmo, faltará persistência. Faça na vida aquilo que gosta. Esse é o caminho. Recorde a frase de Nureiev citada acima.

2 - *Gosta de assistir a jogos de futebol.* Ver jogos de futebol, mesmo de várzea, é seu divertimento e sua escola. Onde tem alguém jogando bola, lá estão os olhos do futuro craque. Futebol o fascina. Adora ir aos estádios, principalmente quando jogam craques

famosos.

3 - *Pratica futebol normalmente,* inclusive treinando em escolinhas e participando de competições e torneios próprios para sua idade. Quando pequeno, o futuro craque não enjeita futebol, mesmo que num potreiro, no pátio, na praça. Está sempre metido nas "peladas" do seu bairro.

4 - *Tem coragem de fazer qualquer sacrifício* para sua carreira futebolística.

Se isto não acontece, acorde e deixe de fantasias. Você é como aquelas adolescentes que sonham ser uma Jennifer Lopez, mas não participam nem sequer dos teatros escolares. Querem ser artistas de novela e ficam apenas no sonho. Não embarque no sonho dos outros, não pegue carona na fama dos bem-sucedidos. Se o futebol não tem nada a ver com seu DNA, esqueça. Você será um craque se futebol faz seu olho brilhar e você corre atrás dessa ambição. Sochiro Honda, o famoso criador das motos, carros e máquinas Honda, era criança de família miserável, sem luz elétrica em casa, mas andava duas horas todos os dias até a estação ferroviária só para ver a máquina do trem fumegar. Logo que pôde, empregou-se em oficina de bicicletas, depois de motos, e passou a inventar sua própria moto. Eis um dos muitos exemplos que existem por aí.

CAPÍTULO 3

Jogador Profissional de Futebol

Os anos passam, o mundo gira e você não parou no tempo. Maravilha! Fez do futebol sua opção de vida. Adora jogar. Dorme futebol, acorda futebol, almoça futebol, janta futebol. Já foi contratado por um clube. Mas, ainda está longe do cume.

Vou ensinar-lhe como se tornar um craque. Sem esses conhecimentos, pobre de você, terá

que remar contra a
correnteza,
suportar a reserva,
ser chamado de
come-bebe-dorme.

Já pensou por que há jogadores que nunca saem do mesmo lugar?

Experimentou analisar por que alguns atletas não progridem, não são chamados para times melhores?

Algum dia, parou você para saber por que certos jogadores sobem na vida, chegam aos grandes clubes, são disputados a peso de dinheiro grosso e ganham manchetes?

Perguntou-se qual é a diferença que faz a diferença?

Assista com atenção a um jogo de futebol e verá logo a diferença gritante entre um craque e um cabeça-de-bagre.

Então, você faz essa reflexão:

"Sim, eu percebo a diferença
e quero saber o
que é que eles têm
que eu não tenho".

Gostei da sua inquietação. É bom sinal. Indagar-se é sintoma de lucidez. O grande pensador Agostinho de Hipona escreveu, certa vez: "Tornei-me uma pergunta para mim mesmo".

O pior ignorante é aquele que acha que sabe tudo. Está obtusamente fechado para qualquer ensinamento, para qualquer novidade e para qualquer inovação. Dizem os humoristas que o burro é o cavalo que não quis aprender. Tem jogador que manda a bola pra lua e culpa o tamanho minúsculo do gol e a pequenez do estádio.

Há jogadores que desesperam a torcida e fazem a alegria dos secadores: cometem a façanha de errar a meta a dois metros de distância.

- Que azar! – exclamam eles, persignando-se.

Acha você que é azar?

Um dia, um jogador de grande time, me disse:

- Quando não estou no meu dia, só pego bola quadrada e chuto grama. Parece praga de madrinha!

Futebol não é questão de sorte, de azar, nem é viver numa gangorra.

Jogador que pensa assim, vive ansioso, sem saber o que poderá acontecer no próximo jogo. Como será? Como estarei? Futebol é coisa de inteligência, competência, saúde, preparo físico e treinamento. E é uso da magia do poder da mente, mas isso é assunto para depois.

Estou satisfeito de que você seja um jogador profissional em busca da consagração. Isso é ótimo. Só falta ser um craque. É o que vamos ver agora.

CAPÍTULO 4

O Craque

Vou passar-lhe as características de um craque:

O CRAQUE AMA JOGAR. Ama a bola como alguém ama seu cachorrinho de estimação. A bola não fala, mas entende você, quer estar sempre junto de você, não reclama quando maltratada por seus chutes desarvorados, esquece o passado e está sempre feliz quando você se lembra dela, a leva consigo e brinca com ela.

Eduardo Galeano, escritor, historiador e jornalista uruguaio, conta, em seu livro "Futebol ao Sol e à Sombra", que Didi, o grande astro do futebol brasileiro, inventor da famosa "folha seca", melhor criador das jogadas do Mundial de 58, assim falou sobre a bola, em depoimento a Roberto Moura:

"Eu sempre tive muito carinho por ela. Porque se não a tratarmos com carinho, ela não obedece. Quando ela vinha, eu a dominava, ela obedecia. Às vezes, ela ia por ali e eu dizia:"Vem cá, filhinha!" e a trazia. Eu pegava de calo, de joanete, e ela estava ali obediente. Eu a tratava com tanto carinho como trato a minha mulher.Tinha por ela um carinho tremendo. Porque ela é fogo: se você a maltratar, quebra a perna. É por isso que eu digo: "Rapazes, vamos,

respeitem. Esta é uma menina que tem que ser tratada com muito amor..." Conforme o lugarzinho em que a tocarmos, ela toma um destino".

Seria muito bom que todos os jogadores, não só o craque, lessem as palavras do Didi, porque, francamente, têm vezes que a maltratam tão cruelmente a ponto de chutá-la nos cornos da lua.

Há jogadores que têm medo da bola, se desfazem dela como quem se livra de uma brasa.

O CRAQUE NÃO PÁRA DE JOGAR. Ninguém fica escritor escrevendo de vez em quando. Os poetas famosos rasgaram centenas de poemas antes de apresentarem ao público suas obras de arte. Li, há poucos dias, que a bailarina carioca Roberta Marquez, de fama internacional, top do mundo, pertencente ao Ballét Royal de Londres, treina de oito a nove horas por dia. Leu bem? De oito a nove horas por dia. E já é estrela de primeira grandeza. Além disso, cuida da sua dieta e atende às horas necessárias de descanso.

E você?

Se treinar oito horas por dia - não há nada de anormal, pois qualquer cidadão trabalha essas horas diárias na sua profissão e não ganha nem a vírgula do que recebe um craque - fará a bola passar até pelo buraco da fechadura.

Muitos bons profissionais fazem exercícios de preparo físico e treinamentos sem aquele entusiasmo que caracteriza um craque. E não descansam oito horas por dia, nem se alimentam adequadamente. Depois, não sabem porque jogam mal. Têm aqueles que já enterraram dez vezes a avó só para desculparem a falta aos treinamentos.

Não consigo deixar de transcrever aqui o texto de Galeano sobre um antigo famoso jogador argentino de futebol, do River Plate, chamado Adolfo Pederneira:

"A vontade de jogar
fazia cócegas em seu corpo.
Não queria que as partidas

terminassem nunca. Quando a noite caía, tentavam em vão tirá-lo dos treinos. Queriam arrancá-lo do futebol, mas não podiam, porque era o futebol que se negava a desprender-se dele". ("Futebol ao Sol e à Sombra", Eduardo Galeano) .

O craque não pára de jogar, porque descobriu uma Lei Universal: a repetição leva à perfeição e perfeição é coisa de craque. O que repetidamente fazemos fica incorporado à nossa vida. A excelência não é um ato, mas um hábito.

Como se faz um ótimo motorista? Um ótimo mestre-cuca? Um ótimo cirurgião? Pela repetição. A repetição grava cada vez mais profundamente a ação, de tal modo que acaba se tornando automática, inconsciente, subconsciente. Quando você dirige um carro, por exemplo, nem pensa como é que consegue usar dois pés para três pedais, olhar para frente, fazer a mudança certa, dirigir na sua direita e, ainda, conversar com o colega. Tudo ao mesmo tempo. Efeito de repetição. Qualquer motorista, inclusive os analfabetos, fazem toda essa manobra com naturalidade. Não erram a mudança, nem os pedais, nem a estrada e não batem nos outros carros. Repetição. O mesmo ocorre no futebol. Ser craque não é fenômeno e nem milagre de Santo Expedito. Repetição. Quanto mais se repete, mais se grava na mente, mais fortemente é registrado no cérebro, mais automaticamente é reproduzido. É o que ocorre com a formação de hábitos. São fruto de repetição. Na verdade, a própria sabedoria humana confirma essa verdade: "Água mole em pedra dura tanto bate até que fura". "Até uma mentira repetida muitas vezes se torna verdade". "Quem espera, sempre alcança". O Mestre já ensinava essa verdade há dois mil anos: "Batei, batei e abrir-se-vos-á".

O filósofo Jean-Paul Sartre disse que "o homem não é a soma do que ele tem, mas a totalidade do que ainda não tem, do que pode ter".

Você, por outras palavras, é o que é hoje e mais a soma do que poderá ser. Potencialmente, existe em você todo o cabedal de seus desejos e sonhos. O craque trata de tornar visível o invisível. Praticando, treinando, gravando mentalmente.

Agora você sabe porque os craques têm chute certeiro, giram por qualquer lado, batem com perfeição na bola, driblam de forma desconcertante o adversário, escolhem o canto da trave e são capazes de estirar longos passes no pé do companheiro. Não é privilégio dos deuses. Repetição. Quando você repete muitas vezes a mesma jogada, ela acaba se fixando no seu subconsciente e este reage de acordo. Em futebol, isso é importante, porque nem sempre há tempo para raciocinar a jogada. Não raro, tudo deve ser feito em fração de segundos, e até intuitivamente. Jogue basquete ou bocha uma vez na vida e veja se acerta alguma coisa. Por que há atletas que se saem à perfeição nas jogadas? Repetição.

Não venha me dizer que as horas de treinamento são poucas e se baseiam mais em estratégias de grupo e esquemas coletivos. Pois bem, esses treinamentos coletivos são básicos, porque futebol é esporte de equipe. Mas ninguém o impede de exercitar-se sozinho nas horas vagas. Jamais um técnico ou vice-de-futebol recriminará você por treinar sozinho com a bola. Pelo contrário. Você pode treinar individualmente no estádio com um gandula, em casa, no pátio da residência, na praça, na sala de estar, na calçada, no salão de festas. Chute contra um ponto na parede, contra um cabo de vassoura, enfim quem adora jogar faz malabarismos com a bola em qualquer ambiente. Lembre-se que um literato não se faz com apenas alguns rascunhos.

Galeano, no livro citado, escreveu que Hector Scarone, famoso jogador argentino,

"servia passes como oferendas
e fazia gols com uma pontaria
que aperfeiçoava, nos treinos,
derrubando garrafas a trinta metros".

(Futebol ao Sol e à Sombra).

Está aí um reforço para o que escrevi acima.

CRAQUE FAZ-SE, NÃO NASCE FEITO. Você nasceu como qualquer craque. Com duas pernas, dois braços, dois olhos, dois ouvidos, duas mãos, um cérebro, um tronco, uma coluna vertebral. As ferramentas, enfim, são as mesmas.

Quando você entra em campo, o deus dos esportes avisa:

- Aqui está o campo, aqui está a bola, aqui estão os onze de cada lado, vença o melhor.

O ponto de partida, as regras, as condições e o término, são iguais para todos.

Você pode pensar que o craque é um gênio e você nasceu na Rua Taletal, número xis, como o comum dos mortais.

O grande escritor e
pensador alemão
Goethe, escreveu:

"O que puderes fazer ou sonhar que podes fazer, começa a fazê-lo. A coragem traz em si a genialidade, o poder da magia. Empenha-te somente e a mente se aquecerá. Começa e o trabalho será completado".

A genialidade é feita de conhecimento e aperfeiçoamento; a magia do craque é feita de alegria, coragem, qualidade, empenho e persistência.

Se você pensa que não nasceu gênio, saiba que genialidade é um por cento. Qualquer cidadão deste planeta tem um por cento de genialidade. O resto é suor, treinamento, paciência e persistência.

Henry Austin escreveu:

"O gênio, esse poder
que deslumbra os olhos humanos,
nada mais é do que
perseverança bem disfarçada".

(A Perseverança Tudo Conquista).

Diz um provérbio holandês que "um punhado de paciência vale mais que um barril de talento".

O ser humano, nascido como todos, é uma pedra preciosa bruta. Só adquire valor e significado quando burilada, esculpida e polida. A pérola bruta está aí. É a matéria-prima. Se permanecer escondida, perdida, desconhecida, nunca passará de pedra rústica. Você será como os outros se não polir essa pedra rude que existe em você, para que apareça o seu valor, a sua qualidade e a sua preciosidade.

Muitos talentos nascem e morrem sem mostrar seu valor. Alguns deixam apenas transparecer vagas nesgas luminosas, que arrancam aplausos momentâneos.

O CRAQUE TEM CAPACIDADE TÉCNICA. Não basta jogar futebol, é preciso saber jogar. Saber jogar significa alcançar a melhor performance técnica.

* * * * *

Técnica futebolística é estar no lugar certo, na hora certa, apanhar a bola quadrada, deixá-la redonda, meter o talento nas chuteiras e fazer a pelota dirigir-se ao ponto de melhor aproveitamento para o resultado desejado.

* * * * *

A capacidade técnica permitirá a escolha do drible, do passe curto ou longo, da arrancada, da cabeceada ou do chute a gol para a obtenção do seu desiderato.

O domínio técnico é necessário a todo jogador, seja ele goleiro, defesa, meio-campo, ala ou dianteiro. Craque que é craque, tanto ataca quanto defende, tanto chuta de esquerda quanto de direita. E mete cabeceadas certeiras e mortais.

A técnica apurada exige que o jogador atue com alma, força, coração, inteligência e preparo. Isso é coisa de craque. Há jogadores que se dão bem na defesa e tem limitações para passar a bola aos companheiros e para chutar a gol. Há centroavantes que são quase zero para impedir o avanço do adversário. Não sabem tirar a bola do adversário. Sequer se empenham nessa empreitada, supondo que seu papel é apenas pegar a bola e fazer gol. Por falar em centroavantes, que dizer daqueles que se metem a dar dribles longos em área congestionada de adversários?

O craque é pau pra toda obra, como diz o ditado.

Ocorre, com a maior freqüência, um jogador comum, até mesmo o diferenciado, cometer faltas desnecessárias nas zonas perigosas da área, diante de um adversário que tem bons chutadores e excelentes cabeceadores. Falta de atenção. E quantos escanteios são cometidos infantilmente ou praticados por falta de qualidade técnica! Escanteio é risco iminente de gol. Deveria ser cometido só em caso de morte. Pelo menos noventa por cento dos escanteios poderiam ser evitados se os jogadores conseguissem dobrar um pouco mais o pé e mandar a bola para a lateral. O craque evita faltas na área e consegue desviar a bola para a lateral, em caso de extremo perigo. Sabe lidar com o pé e com a cabeça.

Perdoe-me Eduardo Galeano, mas aqui cabe muito bem o que escreveu sobre o inesquecível jogador brasileiro Domingos da Guia:

"A leste a muralha da China. A oeste, Domingos da Guia.

Nunca houve zagueiro mais sólido na história do futebol.

Domingos foi campeão em quatro cidades: Rio de Janeiro, São Paulo, Montevidéu e Buenos Aires – e foi adorado pelas quatro: quando jogava, os estádios enchiam.

Antes, os zagueiros
se agarravam aos atacantes feito selos
em envelope, e livravam-se da bola como
se ela lhes queimasse os pés,
chutando-a o quanto antes para o alto.
Domingos, ao contrário, deixava passar
o adversário,
investida vã, enquanto lhe roubava a
bola, e depois tomava todo tempo do
mundo
para tirar a pelota da zona de perigo..."

O texto acima merece constar aqui como homenagem ao grande Da Guia e como ensinamento aos zagueiros que querem ser craques.

Ainda hoje, os zagueiros se grudam nos adversários como selo em envelope, agarrando, segurando, puxando a camiseta, às vezes até dando cotoveladas, enquanto a torcida se contorce de pavor diante da iminência de uma penalidade máxima. Será que a defesa não sabe fazer outra coisa? Não sabe formar uma muralha? Não sabe esparramar-se ao longo da pequena área alternando os mais altos?

Craque tem reflexo, rapidez, sabe como enfrentar o adversário e para que lado o outro pretende conduzir a bola - então dá o bote certeiro.

Quando a bola está nos pés do adversário, bem rente à linha de fundo, o craque intui que ele quer cavar um escanteio e, então, manejará os pés com sabedoria de tal forma que não só impedirá que a bola roce na sua canela, mas evitará que vá para escanteio por sua culpa. Conhece matemática e mede o direcionamento do seu pé contra a bola.

O CRAQUE TEM VISÃO DE JOGO. Ah, meu Deus, como faz falta essa qualidade nas competições. O torcedor fica agoniado quando vê o jogador deixar de passar a bola para o companheiro livre e desimpedido e tenta passar para alguém marcado e sem condições. São dois erros praticados ao mesmo tempo, que fazem o torcedor sofrer e o time perder bela oportunidade.

Craque joga de cabeça erguida e olhos atentos a fim de que sua ação renda o melhor resultado.

Craque tem visão de jogo. Sabe tanto encontrar um companheiro em boas condições como abrir espaço para receber a bola.

Uma das qualidades do craque é jogar no vazio e passar no vazio para seu companheiro. Claro que isso depende muito de treinos, de tal forma que se torne algo automático, pois muitas vezes o jogador oferece ao companheiro lindo passe no vazio mas o homem não foi.

CRAQUE TEM CRIATIVIDADE. O jogador comum fica lá atrás jogando a bola da direita para a esquerda, da esquerda para direita, sem avançar um palmo e sem saber o que fazer. Se eu fosse Técnico de um time, proibiria esse tipo insosso de jogada, que não leva a nada e só faz perder tempo, tempo precioso numa batalha de apenas noventa minutos. O craque é criativo. Um guerreiro criativo torna-se mais rápido que o adversário e percebe, em meio aos entreveros, num piscar de olhos, o buraco da agulha; sabe encontrar o caminho da roça, avança resoluto e faz os companheiros avançarem em direção à meta.

Se o jogo está mascado, consegue descobrir o mapa da mina e fazer a bola encontrar o espaço aberto.

Se o adversário está plantado na defesa, o craque encontra a estratégia adequada para romper a muralha, quer mandando os companheiros abrirem para as pontas, quer congestionando-os no meio para as sobras e rebatidas, ou então jogando a bola pelo alto para a cabeça de alguém, sempre com a precisão de um cirurgião.

O craque vê o que todo mundo está vendo, mas tem o dom de pensar o que ninguém pensou.

O CRAQUE TEM DETERMINAÇÃO. Sabe que não basta fazer o que pode, mas que deve fazer o que é necessário. Para fazer o que é necessário, vai à auto-superação. Torna-se um guerreiro. Um herói. Se o time está perdendo, não se conforma, nem nos minutos finais, e vai à luta para reverter a situação. Ele não vai *tentar* mudar o placar, ele *vai mudar* o escore. Acredita no milagre e só suspende o raciocínio quando o juiz der a apitada final. Ele tem consciência de que os 5 minutos finais são 300 longos segundos, tempo suficiente para meter dois ou três gols. É assim que acontecem tantas viradas impossíveis, muitas delas nos descontos.

Para o craque, impossível é apenas aquilo que não foi tentado.

O cientista Albert Einstein já dizia que "o impossível só existe até que alguém duvide e acabe provando o contrário".

Impossível significa não poder, mas o craque sempre acredita que pode. E está determinado a conseguir. Ele sabe que até uma mosca pode derrotar um leão: basta entrar dentro do ouvido dele e azucriná-lo.

O poeta mineiro Afonso de Santana, em seu poema "O Impossível Acontece", escreveu: "O Messias nasceu de uma virgem; o grande pensador grego nunca escreveu um livro; a Nona Sinfonia é fruto de um homem surdo; na Biblioteca de Babel, o leitor era um poeta cego. E não tinha mãos o homem que fez as mais belas esculturas do meu país".

É por isso que o craque é um determinado.

Aqui é preciso desfazer o mito de que o craque é um jogador privilegiado, que só tem obrigação de agir quando recebe a bola: os pernas-de-pau que corram atrás do couro, que craque é jogador de honra, espera sentado que lhe tragam a pelota e a ponham nos seus gloriosos pés. Não, nada disso. Craque não é diretor honorário de empresa. É o verdadeiro carregador de piano, herói que pode e deve mudar o destino de uma partida, o lutador incansável, o general guerreiro.

Exagero?

Por favor, reflita: o craque recebe salário de milhões e belos espaços de jornais, rádios e tevês, além dos aplausos da torcida, justamente por ser a esperança perene do time. Se o time desaba, lá está o craque batalhando, comandando, insistindo, incentivando e fazendo o que os outros não sabem fazer. Mas, não é por isso que os demais jogadores vão se atirar nas cordas. Todos compreendem que a união faz a força e cada um tem a suprema obrigação de fazer tudo que pode. Qualquer atleta entende que quando o time fracassa, o problema cairá sobre cada indivíduo e as conseqüências também.

Ayrton Senna dizia:

"Se você quer
ser bem-sucedido,
precisa ter dedicação total,
buscar seu último limite
e dar o melhor de si mesmo".

O CRAQUE É JOGADOR DE HORA E MEIA MAIS OS DESCONTOS. Dizem os entendidos que um time normalmente joga com oito ou nove jogadores: os outros estão apagados, desplugados, fora de contexto. Imagine você o desperdício de potencialidade em cada partida.

O craque está sempre aceso, atuante, soberbo, fazendo e acontecendo, sem parar, durante os noventa minutos. Sim, craque joga o tempo todo, até o derradeiro segundo. E joga sem baixar de produção.

Vêem-se, com muita freqüência, times oscilarem durante a partida. De um período inicial agressivo e forte, passam para um jogo a meia-boca, depois crescem um pouco, passam a tomar conta da partida, voltam a descansar, e assim vai. Não pode ser. São apenas noventa minutos. Nada anormal. Noventa minutos. O jogador se prepara durante anos para agir e viver esses noventa minutos. E ainda lhe dão, de lambuja, quinze minutos de pausa entre cada quarenta e cinco. Querem mais mordomia? No entanto, há jogadores querendo levar uma cama para o gramado. Pelo amor de Deus, pensem bem. Ganham por esses noventa minutos o que não ganha o Presidente da República e não se flagram que devem trabalhar incansavelmente durante cada segundo desse minúsculo período. Têm jogadores que ficam cansados de tanto não fazer nada. Nos minutos finais do jogo, quando a coisa está preta, tentam fazer o que deveriam ter feito desde o primeiro segundo. Em futebol, não se admite jogador descompromissado, burocrático. A torcida não suporta atleta desinteressado, que não dá tudo que pode. A torcida ama os jogadores, os endeusa, e pensa que são heróis destemidos e impertérritos. Se está certa ou errada, não vem ao caso. É o que acontece, no mais das vezes.

O craque reverencia cada segundo de

jogo e o respeita com veneração. Sabe que não deve desperdiçá-lo. Age em cada minuto como se fosse o último e como se dele dependesse sua vida ou o seu salário.

O craque sabe que tem
apenas noventa minutos
para correr como um cervo,
ser rápido como uma gazela,
forte como um tigre,
inteligente como um sábio,
atento como um domador de onça,
vitorioso como um Napoleão Bonaparte.
Noventa minutos para a glória ou o vexame.
Ele sabe escolher.

O CRAQUE É UM LÍDER. Esta é uma qualidade rara, preciosa, de imenso valor. Se futebol fosse jogado no computador, não seria necessária essa qualidade, bastaria inteligência e competência. Como futebol se pratica em equipe, todas as peças devem funcionar harmoniosamente, na sua capacidade perfeita e na produção máxima.

Li, de Silvio Carajeleascov, profissional de marketing e psicologia organizacional, sobre a diferença entre trabalho em grupo e trabalho em equipe.

Trabalho em grupo – diz ele - é feito pela escolha de pessoas amigas, com afinidades comuns. Nesse caso, o trabalho torna-se limitado e curto porque se trabalha apenas com quem se gosta.

Trabalho em equipe é feito com pessoas diferentes; existe a responsabilidade de cumprir metas; objetivos a serem atingidos são fixados, preestabelecidos, não importando se os participantes se conheçam, sejam amigos ou não, tenham apreço um pelo outro ou não: o importante é que estejam realmente comprometidos com a tarefa a ser realizada. (Idéias de uma palestra de Silvio Carajeleascov, em vídeo-conferência. (Revista ANL, edição 26, ano 2006).

Futebol é atividade grupal. Todos os jogadores devem agir em equipe, pouco importando se não se dão bem, se têm temperamento diferente, se existe mágoa. Necessariamente, devem trabalhar em conjunto, uns somando-se aos outros e todos buscando o resultado final: a vitória. É por isso que futebol exige liderança.

Se um puxa para um lado e outro puxa para lado diferente - não há equipe.

Se uns trabalham, outros se acomodam - não há equipe.

Se uns só querem driblar e outros buscam aparecer - não há equipe.

Nesses casos, torna-se imprescindível uma liderança para que todos puxem juntos a carruagem, na mesma direção, com a mesma força.

Primeiramente, ninguém ignora que o líder maior e principal da equipe é o Técnico. Ele comanda os treinos, os jogos e os jogadores. Ele indica as posições, o esquema de jogo e as táticas a serem usadas em cada partida. Na beira do gramado, olhos atentos, continua dando instruções de acordo com o desenrolar da partida.

Dentro de campo, o capitão do time - aquele que carrega a tarja preta - é considerado o líder oficial. Mas, todo craque é um líder: avisa os companheiros, ajuda, estimula, incentiva, aponta jogadas, grita quando é preciso mais empenho. Líder não joga de boca fechada e nem cuida apenas de si. Se uma peça desengrenou, ou parou, ou destoa, ou não consegue cumprir sua função, o craque dá as dicas, pede atenção, anima. Não se trata de arrogância e prepotência, mas de ser pregoeiro da solidariedade.

Há jogadores que custam entrar no jogo, parecem ligados no piloto automático. O craque dá corda neles. Ás vezes, os jogadores não percebem que o adversário está a todo vapor, se antecipando nas jogadas, e então cometem faltas repetidas, correndo risco inclusive de cartão amarelo e expulsão. Se a máquina adversária está a cem por cento, é claro que jogando a uma velocidade de setenta por cento, a coisa estará mais para urubu do que para colibri. O craque alerta para a situação.

Há jogadores menos avisados que demonstram estado alterado, cometendo faltas grosseiras, dignas de expulsão. Se ninguém chama a atenção, é certo que esse jogador será expulso e o time ficará muito prejudicado nessa partida e na próxima. Pior ainda é a atitude daquele jogador idiota e sem caráter que dá cotoveladas na cara do adversário, achando que o juiz está longe. Esqueceu que há bandeirinhas, quarto juiz, milhares de pessoas no estádio e milhões de espectadores na televisão. Está dando péssimo exemplo até mesmo para sua família. O craque alerta o companheiro para a besteira que está fazendo. É verdade que há adversários hábeis e espertalhões que tentam irritar o jogador, por todas as formas lícitas e ilícitas, para que este perca o equilíbrio e cometa agressão. Se conseguir que a vítima leve cartão amarelo, ou seja expulso, ele vai à glória. É falta de caráter, mas existe. O craque, nessas circunstâncias, ao invés de revidar, trata de desmoralizar esse adversário se antecipando na jogada, passando rapidamente a bola ou aplicando-lhe um drible de fazê-lo cair sentado. Mas, revidar contra as regras do futebol é suicídio.

O filósofo Sócrates alertava:

"Se um asno me der um coice,
irei revidar com outro coice?"

O craque tem bem claro que, em futebol, só se pode jogar dentro das regras. Fora disso, o prejuízo será certo. Se todo atleta sabe que carrinho sem bola é falta e, se cometido por trás, leva cartão amarelo ou expulsão, por que faz essa asneira? Qualquer jogador medíocre tem noção de que atentar contra o juiz não modifica o placar e nem deixa de ser expulso, então por que pratica essa estupidez?

O craque sabe que o capitão é o encarregado de se entender com o árbitro e, se ele mesmo o fizer, o fará discretamente, sem ir além do tolerável.

O craque se flagra também que o adversário, que tem jogador expulso, dará um dedo para que aconteça o mesmo com jogador do outro time, então não dará margem a que tal aconteça.

O craque é jogador equilibrado. Sua liderança é nota dez.

CRAQUE É JOGADOR DE RESULTADO. Só tem uma tecla no seu computador cerebral: ganhar o jogo. Prepara-se com afinco, veste a camiseta, encara o jogo como final de copa do mundo e luta obsessivamente para alcançar a vitória. Mesmo com a vitória na mão, não baixa a guarda, não diminui o ritmo e não dá trégua ao adversário. Seja qual for a situação da partida, o craque continua buscando melhor resultado. É isso que faz o delírio da torcida e a alegria dos espectadores. O craque não promove "olé", que não tem nenhum sentido além de desmoralizar seus colegas de trabalho. O seu show é levar o time a mais um gol.

O CRAQUE É HOMEM DE DECISÃO E REFLEXO. Em futebol, muitas vezes tudo acontece num relâmpago e as decisões devem ser instantâneas e precisas. Como diz o ditado, quem dorme não pega peixe.

É freqüente o jogador perder a bola enquanto ergue os olhos à procura de um companheiro.

O craque tem raciocínio ágil e reflexo. Jogador de reflexo é aquele que age quase instintivamente. Sua consciência vigila em estado de alerta máximo. Enquanto um outro atleta leva vários segundos para pensar a jogada, o craque joga de ouvido. Com isso, ganha tempo precioso. Mas, para ter reflexo, faz-se mister que a mente esteja limpa e livre. Mente poluída com problemas e preocupações, não funciona bem em futebol. Mente no mundo da lua fracassa no jogo. Se você está dirigindo seu carro tranqüilamente e de repente surge um caminhão à sua frente, na contramão, você precisa ter reflexo para tomar atitude imediata e correta, antes que aquele trambolhão venha por cima de você. O craque programa o cérebro para que responda de forma instintiva aos momentos inesperados. Rápido no gatilho – diz a velha expressão.

Para que funcione o reflexo, o craque está sempre atento. Como a gazela de olho no leão. Um olho no prato, outro no gato. Um olho na bola, outro no adversário, outro no companheiro, outro no gol. Quantos olhos você tem?

O craque não afasta a mente daquilo que está fazendo, nem por um segundo. Não fica arrumando as meias no momento em que o adversário vai chutar uma falta e nem fica olhando para a assistência durante a partida. Está sempre de olho na bola e no jogo, por isso consegue posicionar-se com inteligência e extrair o melhor da partida.

Muitos cartões amarelos e vermelhos ocorrem por falta de reflexo.

* * * * *

CARTÃO AMARELO é fruto de desatenção e precipitação. Craque não leva cartão amarelo, assim no mais, porque sabe as regras do futebol e tem consciência de que cartão amarelo é prejuízo para o time.

Cartão amarelo, que muitos jogadores recebem sem dar maior importância, cria problema psicológico, traz preocupação, inibe o jogador, que passa a temer a expulsão.

Normalmente, cartão amarelo é infantilidade, incondizente com a responsabilidade de um jogador admirado por milhares ou milhões de torcedores. O craque não entra nessa e alerta o colega de "sangue quente", já que este está no ponto de praticar atitude impensada.

CARTÃO VERMELHO é o fim da picada. Insensatez. Não há time que deseje jogar com dez atletas. Cartão vermelho é burrice. Desequilíbrio emocional. Falta de lucidez. O mínimo que se espera de um jogador é que seja suficientemente inteligente e preparado para jogar de acordo com as regras. O clube não contratou jogador desequilibrado e milhões de torcedores não estão aí para verem companheiro de parafuso frouxo. Qualquer jogador sabe que agressões, revides, repetidas reclamações acintosas contra o juiz, socos, pontapés, atitudes fora da normalidade, são punidos com cartão vermelho.

Cartão vermelho não é coisa de craque. Vermelho, para craque, só carne de churrasco e vinho tinto.

Houve jogadores, ao longo da história, que eram deslumbrantes artistas da bola e, ao mesmo tempo, extremamente temperamentais. Faziam gato e sapato com a bola, mas, daí a pouco, perdiam a cabeça e eram expulsos.

Certos atletas, desarmonizados psicologicamente, se justificam, alegando: "Eu sou assim, nasci assim, que é que vou fazer?! Pau torto não faz sombra reta, não adianta!" Na verdade, você não nasceu assim. Nasceu com a mente em branco e foi formando essa personalidade através do tempo. Foi você que criou sua estrutura mental. Pois bem, assim como criou essa personalidade, pode agora criar a personalidade que quiser. Se é, por exemplo, pessoa de faísca curta, impulsivo, pode mandar outra ordem contrária ao seu cérebro: "Eu sou calmo, equilibrado, lúcido, tenho autodomínio, e ajo com sabedoria, na justa e reta ordem divina. Assim é e assim será". Repita e repita essa mentalização até ficar entranhada no âmago do seu ser.

* * * * *

Craque não nasceu craque. Fez-se. Colheu experiências, aprendizados e adotou as qualidades essenciais à sua profissão.

Verifique quais são as qualidades que deseja possuir, formule uma frase positiva declarando que já é assim e repita e repita e repita. Dizem os estudiosos que uma afirmação repetida quatrocentas vezes forma conexão cerebral e se fixa no cérebro e na mente como verdade.

Fiscalize seus pensamentos. Como você pensa, assim é e assim age. As situações externas são resultado do seu pensamento.

Friedrich Hebbel, (1813-1863), afirmou: "O homem é aquilo que pensa". Não só ele, muitos sábios disseram o mesmo.

Li, há muito tempo, no livro Remédios Divinos, de Theodósia Schobert, esta frase:

"Há uma relação definitiva entre os pensamentos que uma pessoa alimenta em sua mente e as condições que se manifestam em seu corpo e em seus negócios".

Talvez você se considere um moço de temperamento forte, com tendências incontroláveis à agressão e revides, tipo gaúcho que não leva desaforo para o rancho - e acredita que terá que conviver com essa realidade, assumindo as conseqüências, como resultado do destino ou carma da vida. Não é bem assim. Tudo tem solução. Só existe o problema porque existe a solução. Vou citar-lhe uma frase do famoso guru Rajneesh, hoje chamado de Osho, profundo pensador oriental, filósofo e psicólogo avançado: "Se você pensar que é tão ruim, tão demoníaco, tão mau; e se essa imagem - que é verdadeira porque você é realmente assim - permanecer, você será simplesmente incapaz de viver. Perderá toda a autoconfiança, ficará tão repleto de autocondenação, que será incapaz de amar".

Se ele estivesse falando para jogadores de futebol, por certo diria que, se pensa assim, será incapaz de ser um craque.

CRAQUE TEM ELEVADA AUTO-ESTIMA. A vida humana se pauta pelas crenças pessoais e pelo julgamento que a pessoa faz de si. A bíblia, na sua sabedoria milenar, registrou: "Pois ele é tal qual seus pensamentos".

Há jogadores jovens, recém saídos das

bases inferiores, que ficam inibidos, até mesmo apavorados, diante dos craques com os quais devem jogar. Parece que ficam pensando: "Quem sou eu para me comparar a esses grandes jogadores?!" Quando entram numa partida importante e têm que enfrentar um time de renome, com títulos internacionais, encolhem-se mentalmente e acabam fazendo má partida. Falta-lhes experiência e elevada auto-estima.

Há também jogadores de longa folha de serviço que não conseguem deslanchar quando chamados a intervir em jogos importantes ou decisivos, ficando amassados pelo peso da responsabilidade. Erram passes, ficam travados, e desabam quando a torcida os recrimina. Falta subir a auto-estima.

Lembre-se sempre que você pode não ser mais do que os outros, mas não é menos do que ninguém. Acredite em si. Se está nessa posição, nesse jogo, é porque merece e tem condições e capacidade de se dar bem.

Diga e repita mil vezes, não só quatrocentas vezes:

"Eu sou um ótimo jogador,
tenho perfeito domínio da bola,

todos os companheiros confiam em mim, meu desempenho é excelente e todos me admiram e me elogiam!"

Assim, estará aumentando a auto-estima. Você é o que pensa que é. Diga e repita essas afirmações não só na hora de entrar em campo, mas inúmeras vezes. De tanto repetir, o subconsciente acabará por aceitar como realidade. Vá e faça assim. O universo conspirará a seu favor.

O craque acredita em si, tem alta autoestima e age de acordo com esse estado de ser. Quando perde a bola para o adversário, ou erra um passe, não se culpa como incompetente, mas considera apenas um acidente de percurso, nada mais que um fato isolado, ocasional. E recolhe o ensinamento para treinar mais esse tipo de jogada.

O craque entra em campo confiante e feliz, mesmo quando o estádio vem abaixo com apupos e urros amedrontadores. Ao invés de se impressionar, ele sorri satisfeito e pensa: "Vocês não perdem por esperar".

Os mais bem-humorados dizem essa quadrinha:

"Não tenho medo de homem,
Nem do ronco que ele tem,
O besouro também ronca,
Vai se ver não é ninguém!"

O craque sabe que, no campo, são onze contra onze e mais ninguém, tudo igual, portanto. E começa o jogo como herói dos sete mares, fazendo a bola correr redonda e a companheirada entrar no embalo da conquista. Se perdeu um passe, não perdeu a lição. Ficou mais atento, mais ligado, mais ágil e mais valente.

O craque sabe que é craque, mas joga com humildade e espírito de solidariedade, dando força aos que se perderam em campo e não deslancharam.

Mesmo sendo fintado, o craque não perde a estribeira. Empenha-se mais, inclusive estudando as táticas usadas pelo adversário, para pegá-lo na contramão. Ainda que levando dois ou três a zero, o craque não desfalece, nem perde seu orgulho de vencedor e vai em frente contra tudo e contra todos, decidido a virar o jogo. Com mentalidade gaúcha, ele brada: "Não tá morto quem peleia!"

Craque não é apenas jogador de apurada técnica, mas também de apurado sentido psicológico. Ele é um inveterado homem positivo e otimista.

O CRAQUE É VALENTE. Eis aí uma grande verdade. Jamais existirá um craque covarde, que foge da raia, escondido de medo. O craque empunha a bandeira e vai em frente e à frente. Corre e joga com destemor, mesmo que o adversário esteja à sua caça. Ele tem armas para se defender e para superar os que pretendem atingi-lo. Ele sabe que o medo inibe. Já aprendeu que o medo atrai. Revestido de bravura, vai em frente. Os outros que tenham medo.

Em futebol, não pode existir jogador assustado e nem temeroso. O craque conhece os índios e a aldeia, isto é, sabe o que pode acontecer e, para qualquer situação, tem a resposta do denodo e da inteligência, que lhe mostra a arte e a tática vencedora.

O CRAQUE É INTELIGENTE E SEGURO DE SI. Significa que usa a cabeça. Tem jogador que tem a cabeça apenas para botar o chapéu. Antes de tudo, esclareço que todo ser humano é inteligente, só que uns desenvolvem e exercitam a inteligência, e outros são pessoas de uma idéia só, vivem e morrem na mesmice. Em futebol, é preciso inteligência expressada por raciocínio rápido.

Mencius, filósofo chinês, (370-289 ac), o mais eminente seguidor do confucionismo, disse uma frase que cabe muito bem aqui:

"Certos homens trabalham com sua mente; outros, com seus músculos. Aqueles que trabalham com sua mente governam os que trabalham com seus músculos".

Isso vale para o futebol. Não é suficiente trabalhar bem apenas com os pés, como também não basta ser forte como um touro. A mente define as vitórias.

* * * *

Calma, gente!

Quando o técnico pede calma, o craque sabe que ele não está pedindo para diminuir o ritmo e muito menos para frear o andamento. Ele está pedindo inteligência, cabeça no lugar. Às vezes, os jogadores estão exaltados, afoitos, atabalhoados, nervosos e agressivos. Isso é péssimo! Calma! Calma, gente! Mas, entendam que calma, nesse caso, não é moderar o jogo, nem andar em câmara lenta, ou ir devagar, quase parando. Nada disso! Calma significa inteligência! Voltem a usar a cabeça, mas continuem em ritmo forte, mais forte ainda, que futebol é competição e em competição ninguém manda diminuir o ritmo. Façam como o pato que, por cima, desliza tranqüilo, mas, por baixo, bate pés com força e agilidade.

Querer que os jogadores se portem lentamente seria o mesmo que mandar diminuir a velocidade em fórmula 1. Se o avião baixar a velocidade a menos da necessidade de sustentação, cai.

* * * * *

O craque percebe o momento da partida, percebe quando o time está desarvorado, ou caindo no ardil das provocações, e usa sua inteligência e lucidez para sair-se bem e orientar os companheiros.

O craque responde às provocações fazendo exatamente o que o adversário não quer que ele faça: torna-se mais sagaz, mais hábil e mais astuto. Com isso, leva vantagem e evita ficar alterado com as faltas, cotoveladas, ofensas e palavras de baixo calão de algum adversário. O craque percebe que o provocador tenta agredir sorrateiramente, sem que o juiz perceba, mas quer que a vítima revide despropositadamente, salvando sua honra diante do público, que, na verdade, não viu nada e não acredita na idiotice que o seu jogador está cometendo. Exemplo clássico foi o revide desequilibrado do Zidane contra o jogador italiano, dando-lhe uma cabeçada insensata e sendo expulso, na partida final da Copa do Mundo 2006.

Craque, que é craque, não agride, chega antes; não revida, tonteia o adversário.

O craque não machuca propositadamente e não se deixa machucar. Tem seu macete para não ser pego com o joelho, a canela e o calcanhar em estado de rigidez perigosa.

O craque respeita o adversário, mas não o teme. Se enfrentar um time fraco, ele tem experiência de que ninguém ganha na véspera e não existe time invencível. Jogará como craque, dando o melhor de si. É o que pedem sua consciência, seus colegas, o clube, a torcida e todos que pagaram para o espetáculo.

Inteligente como é, o craque sabe que "calma" significa acalmar a mente, não os pés e nem a velocidade. É bom repetir isso.

* * * * *

Ritmo cerebral

Vamos fazer aqui uma breve pausa, que quero falar de ritmo cerebral. Você entende sobre ritmo de jogo, mas talvez desconheça sobre ritmo cerebral. Fique descontraído, que não direi nada complicado.

Há quatro níveis mentais: Beta, Alfa, Teta e Delta.

Beta é o estado de consciência em que você está agora, estado racional, analítico, normal; estado que ocorre quando fala, lê jornal, dirige, conversa. Nessa situação, seu cérebro pulsa num ritmo médio de 21 ciclos por segundo. É a ciclagem comum da vida. Na medida em que você altera o ritmo cerebral para cima, para mais, - e isso ocorre quando está irritado, assustado, apavorado, com medo, em pânico, agressivo, violento - diminui a capacidade mental, bloqueia a lucidez, dá um branco na mente, desarvora o discernimento. Todo jogador mentalmente alterado tem o ritmo cerebral acelerado, por isso faz faltas, não pensa, é impulsivo, recebe cartão amarelo, agride, revida, é expulso. Mais tarde, de sangue frio, passado o temporal, voltando ao normal, se arrepende do que fez. Mas aí está feito. Resta aprender a lição.

Se, porém, baixar o ritmo cerebral para uma média de 14 a 9 ciclos por segundo, ampliará o campo da inteligência, da memória, do discernimento, da capacidade mental, da intuição e do reflexo. Ora, é isso que se deseja de um atleta. É assim que age o craque. É um comandante tranqüilo e seguro na tempestade, um general lúcido, sensato e firme na guerra, um gênio.

Como se chega a esse estágio?

Pela calma mental, pela meditação, pela oração, pela contemplação, pelo relax.

O craque relaxa mentalmente antes do jogo e mentaliza o que deseja que aconteça. Aquela oração e mentalização que fazem os jogadores, em grupo, antes de iniciar a partida, é uma forma de pôr a mente favorável aos desejos de cada um.

Acontece, principalmente em jogos importantes e decisivos, os jogadores adentrarem o gramado nervosos e começarem a partida descontrolados, atrapalhados, errando passes e passando por maus momentos: nível Beta acelerado. Ocorre o mesmo, às vezes, quando os jogadores se perturbam diante do imprevisto, perdendo a bola, errando passes, desaparecendo no jogo. Nível Beta elevado.

O craque percebe a situação e trata de consertar o problema.

Num jogo mascado, embolado, num sistema pega-ratão, com jogadores batendo no "garrão" do craque, este antecipa-se, é mais ágil, e desfaz-se da bola com mais rapidez, conduzindo-a para o companheiro em melhor condição. Isto é possível quando o ritmo cerebral não vai além de 21 ciclos por segundo. Níveis Beta e Alfa.

Quando o Técnico pede calma, é porque o ritmo cerebral está muito alterado, sem condições de bom raciocínio. Ele está desejando que o jogador pense melhor, tenha mais discernimento, seja mais inteligente, use melhor a cabeça, mas continue a correr até mais do que fazia. Sim, mas não adianta correr feito mosca tonta. É preciso inteligência focada, estar ligado cem por cento. O craque sabe que o futebol tem tudo para deixar o atleta de sangue quente e raciocínio mirrado. Ele sabe disso, assim como todos os jogadores o sabem por experiência, e agora também por conhecimento científico. Esta é a razão porque o craque se concentra, relaxa, mentaliza, acalma a mente, baixa o ritmo cerebral. Com isso, sempre se destaca em campo, mesmo em meio à confusão e à derrocada.

Há uma tática em futebol bastante comum: apertar o adversário na área dele, obrigando-o a errar passes, cometer faltas e escanteios. Qualquer jogador sabe que faltas na área e escanteios significam meio gol. Já mencionei. Mas há atletas tão afoitos, perturbados, sem reflexo, que continuam praticando esses atentados com a facilidade de quem descalça um sapato.

Muito bem, você é craque e sabe que calma significa: abra o olho, seja mais inteligente, organize-se, perceba, posicione-se melhor, antecipe-se, acorde, mostre-se, entre no jogo, preste atenção, ligue-se, surpreenda o adversário. Ou seja, baixe a ciclagem cerebral, para pensar melhor e agir com mais inteligência.

Só para completar, nível Teta é o limiar do sono. Não serve para o futebol, mas para mentalizar em casa as jogadas e o sucesso do time. Nível Delta é o sono.

* * * * *

O CRAQUE NÃO É UM RESIGNADO. A religião prega muito a resignação. Não vale nem para o futebol e nem para a vida. A sabedoria está em aceitar a situação, mas acreditar que tudo tem solução. O Mestre proclamava que "tudo é possível àquele que crê". Então, sem negar a realidade atual, parta para a solução.

O craque não diz "Vamos jogar bem!" Isso é apenas o mínimo.

Ele afirma:

"Queremos vencer,
temos que vencer,
tudo faremos para vencer
e vamos vencer!"

Assim pensando, o craque não está blasonando, nem falando da boca para fora, muito menos menosprezando o adversário: é a sua filosofia de vida e convicção pessoal.

Mas, se enfrentar um time forte, famoso, favorito, não se resigna a ser um bravo perdedor. Sua meta é vencer.

Está perdendo o jogo? Não desiste! Não se resigna nem diante da derrota: luta até o último suspiro, quero dizer, até o último apito. Quando cai, cai de pé. Ele sabe que não pode ganhar todas as partidas, mas sabe que os companheiros, a torcida e o clube esperam ver o jogador dando o melhor de si, sem esmorecimento, seja qual for a situação.

O filósofo Epicuro disse:

"Os grandes navegadores
devem sua reputação
aos temporais e às tempestades".

CRAQUE SABE QUE FUTEBOL É MATEMÁTICA. Muitos acreditam que acertar chute ou cabeceada é questão de sorte. Futebol é ciência e não jogo de azar. Uma ciência eclética, que envolve matemática, física, biologia, psicologia, fisiologia, sociologia, administração e economia. Para simplificar, quero me ater a um item: matemática.

Todo chute, cabeceada, e qualquer movimento da bola, obedecem às mais rigorosas regras da matemática. A análise da direção da bola cabe com precisão dentro dos parâmetros da matemática. A velocidade, a força, a impetuosidade, o movimento, o direcionamento da bola são resultado inequívoco de cálculo matemático. Chute reto, à esquerda, à direita, para cima, para baixo, descendo, subindo, em curva ou direto, não acontecem por livre e espontânea vontade da bola ou por acaso. Pode ser medido rigorosamente pela matemática. Assim como dois mais dois são quatro, se você mete o pé à esquerda da bola ela vai para a direita, com a velocidade determinada pelo impulso dado ao pé; se você bate à direita da bola, inevitavelmente ela irá para o lado esquerdo, obedecendo literalmente à força que sofrer; se o pé entrar por baixo da bola, a tendência irreversível da pelota é subir tanto quanto a força que lhe for impressa e a distância que ela percorrer até o primeiro obstáculo; se você cabecear a bola em cima da cabeça, ela subirá até o infinito, caso ela sofrer golpe correspondente. Se você der de testa na bola, ela tomará o rumo para frente, com maior ou menor inclinação de acordo com o ângulo do impacto da testada. Sem mais nada a considerar, errar chute não é azar, é incompetência. Como é que um jogador pode esperar que uma bola, chutada por baixo, siga rasteira para o gol? Esse desconhecimento é que faz muitos atletas perderem gols a dois metros da trave. Não adianta esperar o milagre. Deus sempre responde bem-humorado: "Ajuda-te que te ajudarei". A Divindade não vai querer romper as Leis da Física e da Matemática apenas para satisfazer pernas-de-pau. Muitos fazem como aquele aluno que rezava fervorosamente: "Meu Deus, faça que o Pico do Everest fique no Brasil!" Perguntado por quê, respondeu que foi isso que escreveu no exame final de geografia.

Resolve-se o problema da incompetência treinando e treinando e treinando, até que os chutes e cabeceadas se tornem tão automáticos quanto dirigir um automóvel. Como é que você aprende a multiplicar? Repetindo, repetindo e repetindo. Os excelentes chutadores, os cobradores de falta e de escanteio, os cabeceadores mortais, assim o são devido às infinitas repetições de jogadas. É o que faz o craque. Como um escritor se faz escrevendo,

escrevendo e escrevendo; como um poeta se faz compondo poesias e compondo e compondo; como um nadador se faz nadando, nadando e nadando - assim é com o jogador de futebol. Sem mistério.

O CRAQUE É UM SER HUMANO. Depois de ler tanto sobre as virtudes do craque, você pode pensar que homem assim não existe.

E exclama chateado:

- Todas as vantagens não cabem dentro de uma única pessoa. Deixe ele errar de vez em quando. Deixe sair do sério. Deixe dar uma patada na lua!

Tudo bem.. Pode errar, que errar é humano. Só não erra quem nunca tentou. Toda perfeição é uma escalada de tentativas.

Como diz o outro, a vida é curta demais para ser levada a sério. Veja o que encontrei escrito num azulejo português, na cidade de Sobreiro: "Goza a vida enquanto estás vivo, porque vais permanecer muito tempo morto".

Mas, para o craque, vale mais essa frase, não lembro o autor: "Beba champanhe não só nas vitórias, mas também nas derrotas. O sabor é o mesmo e é aí quando você mais precisa".

O craque não é Santo Antão de chuteiras. Tem a sua vida particular; ri à vontade porque rir é o melhor remédio e libera endorfina, o hormônio da felicidade; busca a auto-realização amorosa; não despreza um churrasquinho regado a bom vinho; adora uma praia de verão, escala montanhas, faz pescarias, visita lugares agradáveis, ama a natureza. Mas, tudo subordinado ao compromisso inarredável e prioritário do futebol. Sabe que suas atitudes vão repercutir positiva ou negativamente no campo. E o estádio é a razão maior da sua vida no momento. Da sua performance no jogo depende seu salário, permanecer no quadro titular, ser cantado em prosa e verso, ser convidado a uma promoção mais alta.

O craque tem plena consciência de que sua vida futebolística é efêmera e, portanto, deve se dedicar ao máximo a ela. Por sinal, nem precisaria ser alertado para tanto, porque jogar é sua paixão, sua alegria, seu prazer.

Seu sentimento humano o faz ser simples, não ser tragado pela glória, atender os fãs e a imprensa com simpatia, e desvestir sua fama em casa, junto de sua família e amigos.

CRAQUE NÃO SE PERDE NA FUMAÇA DA FAMA. Um homem bem-formado, cabeça boa, inteligente, sabe que o pavão de hoje é o espanador de amanhã. Sabe que ganso metido a cisne é um vexame.

O craque é uma ilha cercada de elogios, dinheiro e tietes por todos os lados. Sem cabeça boa, sucumbe aos badalos da glória e se julga dono do mundo. Aí começa sua decadência. Deve lembrar que fama é fumaça.

O craque sabe que a vida continua depois das faixas de campeão e não há nada como um jogo depois do outro. Jamais despreza os que estão abaixo, porque os encontrará na sua descida vertical.

A glória do futebol é efêmera, às vezes não dura mais que três partidas.

Tenho comigo um detalhe de Zero Hora, de 16 de setembro de 2006, que dizia o seguinte: "Ex-treinador da dupla Gre-Nal, o paulista Rubens Minelli foi lembrado por Mano Menezes durante entrevista no Olímpico. Segundo o Técnico gremista, quando Minelli percebia que a boa fase começava a interferir negativamente no rendimento dos seus jogadores, reunia o grupo e usava as seguintes frases de alerta:

- O bom momento é o mais perigoso de todos. A comida passa a ficar ruim, a cama do hotel passa a incomodar, a gente esquece o sacrifício que faz para chegar até ali. Nos momentos difíceis, é mais fácil ser humilde".

Para o jogador desprevenido, bons momentos podem ser maus conselheiros.

O verdadeiro craque, evoluído como é, não se abate diante das críticas e nem se infla diante da badalação. Sabe que a fama é dada e tirada pela mídia e pelo povo. E tanto a mídia quanto o povo não agüentam jogador soberbo, inchado pela fama, cheio de manias e arrogante. Os famosos de hoje ainda o são porque mantiveram a simplicidade, a afabilidade, a competência, a responsabilidade, a capacidade de doação máxima, e a mente aberta ao sorriso generoso.

Quando a fama ou o dinheiro entram na cabeça do jogador e o fazem descuidar-se do compromisso e deixar de ser o que o levou para o alto, está na hora de uma psicoterapia, sob pena de ser relegado ao esquecimento.

A fama é como o barulho de um tambor. Basta o tambor da mídia parar de tocar que o silêncio inundará o ambiente e o jogador cairá no ostracismo.

Quando a seleção brasileira tem entrado em campo decorada de medalhões deslumbrados e intumescidos com a fama ou com os milhões que cobrem de ouro seus períodos de penúria, observou-se desleixo, minguado esforço e displicência. Como fama não ganha partida e não faz campeões, sobra a perplexidade da torcida, em face da derrota.

Se você, craque, verdadeiro craque, quer submergir a essa ilusão, deixe o futebol enquanto estiver por cima, até mesmo por respeito aos que o elevaram aos píncaros da glória.

Anote: craque é cabeça nas estrelas, mas pés no chão.

CAPÍTULO 5

Você é a Peça e a Máquina

Futebol é jogo coletivo, por isso dois fatores são essenciais: a parte e o todo. A individualidade e a coletividade. O indivíduo e o conjunto. O atleta e o time.

O indivíduo é a base do time. Sem indivíduos não há time de futebol. Sem indivíduos competentes, não há equipe competente. Quanto maior a qualidade unitária, maior será a qualidade do todo. Sem a qualidade de cada peça não se faz uma máquina perfeita. Faltando uma peça, a máquina pode não funcionar ou funcionar mal. Uma peça emperrada, pode emperrar ou sobrecarregar a máquina.

A força, a grandeza, a eficiência e a eficácia do conjunto dependem da força, grandeza, eficiência e eficácia do indivíduo.

Mas, a individualidade só funciona em futebol se fizer parte do contexto, ou seja, se acionar a máquina. A peça faz a máquina funcionar e a máquina faz a peça funcionar. A integração e harmonização constituem a eficiência da máquina.

Diz um provérbio hebraico que "dois cachorros matam um leão".

Jogador que não participa integralmente, prejudica o funcionamento do todo e é causa do mau desempenho do time.

Quando se considera que em cada jogo dois ou três atletas estão apagados, fica evidente o estrago que é feito no conjunto.

Há jogadores que ciscam apenas na sua posição, deixando o resto do gramado para os outros. Não sabem ou não se importam que, se outro tiver que assumir sua ausência, alguém terá que ocupar o lugar dele e assim vão se abrindo espaços para o adversário. Esse dominó negativo gera problemas dramáticos para o time.

Existe a velha sabedoria que diz que, por trás de um folgado, sempre haverá um sobrecarregado.

Futebol é indivíduo e conjunto. Ambos proporcionalmente com o mesmo peso.

Craque sabe dessas coisas e jamais deixa de ser indivíduo e peça do conjunto. Não raro, até se vê na contingência de preencher a deficiência de alguma individualidade. É movido a tanto porque tem qualidades de craque e tem em mente que o destino do time é vencer a partida. Mas, como craque que é, usará sua experiência para alertar o companheiro e pedir-lhe mais presença, mais raça, mais empenho.

Há jogadores que abusam da individualidade, querendo aparecer ou fazer tudo sozinhos. Falta-lhes a compreensão da solidariedade e do sentimento de equipe. Por outro lado, não é de boa inteligência podar o jogador que se destaca por seus dribles infernais, só que ele deve ser produtivo e ter significado para o time.

O craque tem noção clara do equilíbrio entre ação individual e ação coletiva. Aprendeu que, como dizia Jesus, pelos frutos se conhece a árvore: se a individualidade não levar a nada, será zero à esquerda para o time e para o clube que o contratou.

Há momentos, diante da área adversária, em que o jogador deve chutar a gol e há momentos em que o companheiro está livre para receber o passe e tentar o chute em melhores condições. Saber o que fazer na hora certa é coisa de craque.

É preciso levar em conta que, quanto maior a capacidade e desenvoltura individual, maior será a contribuição para o conjunto. Por isso, fica de pé tudo o que eu dizia sobre a necessidade de o jogador treinar e treinar e treinar individualmente.

O craque presta muita atenção às instruções do Técnico e aplica toda sua capacidade individual para responder eficazmente às solicitações de interesse do grupo.

CAPÍTULO 6

O Técnico do Time

O que se sabe de um Técnico de futebol é que ele é contratado, por sua competência e estilo de jogo, a dirigir uma equipe a alcançar um desempenho eficiente e eficaz, em campo. Daí se depreende que o Técnico é responsável pelos resultados do time.

Técnico de futebol é medido pelas vitórias. A vitória é o produto básico do time, sob a gerência do Técnico. Se não há produto, se não há vitória, o Técnico é dispensado.

Um clube jamais aceitará, de braços cruzados, que seu time desça a divisões inferiores ou faça feio no campeonato. Afinal, a camiseta é a sua marca, sua grife, seu conceito e o sonho de milhões de sócios e torcedores.

Tendo em vista o imenso significado de um time de futebol, o Técnico deve estar à altura. Não pode ser apenas burocrático e nem tapa-buraco. Futebol é paixão, é amor, é emoção, e o Técnico necessariamente deve estar plenamente engajado nesse universo.

Time que perde campeonato, está abalando uma instituição, produzindo rombo financeiro, desprestigiando a camiseta, reduzindo o interesse da torcida e travando o progresso do clube. Eis a responsabilidade do Técnico.

QUALIDADES DO TÉCNICO DE FUTEBOL

Como o Técnico é o pêndulo do sucesso ou do fracasso de um time, com todas as conseqüências advenientes, é lógico que deve ser escolhido a dedo, com muito estudo e ponderação, avaliando-se seu estilo, seus métodos, seu temperamento, sua forma de agir e sua performance.

Um Técnico de futebol cinco estrelas deve possuir, a meu ver, três títulos básicos: 1) Ser ex-jogador ou profundo conhecedor de futebol; 2) ser Técnico competente, ou seja, excelente treinador e organizador de equipe; 3) ser psicólogo.

EX-JOGADOR

Todo jogador que fez carreira em clubes importantes, além de saber jogar e como jogar, conheceu vários Técnicos, suas artes e métodos, constatou in loco o que deu certo e o que não funcionou. Além disso, tem conhecimento dos vários tipos de jogadores, suas atitudes e reações, suas idiosincrasias, o que lhes faz render bem ou não e, ainda, aprendeu como fazê-los produzir o que podem e o que devem. Claro que não basta ter sido bom jogador: é essencial que tenha sido bom observador, líder do grupo, inteligente, perspicaz e tenha aprendido as estratégias aplicadas pelos treinadores que conheceu ao longo dos anos. Como jogador, o Técnico bom sempre se interessou em ouvir os comentaristas da imprensa e tecer sua própria avaliação. Esse carrega na bagagem excelente condição de assumir a direção técnica de um time.

É mister admitir que ser ex-jogador é uma virtude importante, mas não é a única. Alguém que nunca tenha praticado futebol também pode ser competente treinador, desde que sempre tenha sido ligado a este esporte, freqüente jogos por prazer, analise, ouça os comentaristas e consiga discernir o que aconteceu em campo, como os times jogaram, onde o sistema funcionou e onde não deu certo.

CONHECIMENTO TÉCNICO

Antes de tudo, convém esclarecer os termos. Técnico de Futebol é aquele profissional contratado pelo clube para dirigir uma equipe em campo. É o responsável pela performance do time. Tem a incumbência de organizar os jogadores em equipe eficiente para obter os resultados desejados.

Cada Técnico tem seus métodos de trabalhar o grupo e suas táticas a aplicar em cada jogo, conforme a necessidade. Usa os treinamentos para condicionar os atletas a cumprirem suas determinações e avaliar as qualidades de jogo individuais, assim como as posições de melhor rendimento de cada um.

O Técnico extrai o que de melhor possui um jogador, burila seu desempenho e o coloca na posição mais adequada, visando o melhor rendimento individual e a produtividade do conjunto.

O Técnico, obviamente, é um líder. Tem seus comandados na mão e, como General-de-guerra, os conduz à vitória.

Todo técnico que se preza tem apenas dois ideais: vencer ou vencer. Para tanto, sugere as contratações necessárias e busca clarificar o máximo de cada jogador.

Técnico de futebol que "deixa tudo como está para ver como é que fica", está pedindo para ser descartado. Ele tem a obrigação de conhecer profundamente seu time e o time adversário de cada partida. Com essa visão, montará sua equipe e avisará claramente o que pode acontecer no primeiro tempo e como devem atuar os seus jogadores. Pode ter cometido equívocos de avaliação no primeiro tempo, por isso eu analiso um técnico pelo que acontece com seu time na segunda etapa. Ele teve tempo de observar tudo que ocorreu nos primeiros quarenta e cinco minutos e assim corrigir as falhas do seu grupo e organizá-lo para aproveitar-se dos pontos fracos do adversário. Sempre que um time joga pior no segundo tempo, atribuo à incompetência do Técnico.

Como é visto que a função do treinador significa o sucesso ou o fracasso da própria instituição, não pode ser ele deixado por conta e risco. Cabe ao vice-de-futebol acompanhar passo a passo o rendimento do time, avaliar o desempenho do Técnico, pedir-lhe explicações e trocar idéias visando melhores resultados.

Vêem-se Técnicos que analisam a partida, após o evento, como se estivessem falando de outro jogo. Totalmente despropositadas as colocações: ou escondem a verdade ou não viram o que aconteceu.

O Técnico verdadeiro lê tudo o que a imprensa publica sobre o jogo, comenta com seus pares o que cada um observou, e faz uma síntese para si e para os jogadores.

O presidente do clube não pode ficar omisso, pois sabe da paixão que move milhões de pessoas, o dinheiro que isso envolve e o significado do seu cargo diante dos conselheiros e dos sócios.

O melhor Técnico é aquele que é apaixonado pela profissão e, no caso, pelo time que dirige. Assim sendo, será um apaixonado por vitórias e conquistas. Está sempre turbinado, deixando os jogadores seguros e motivados.

Talvez se diga que isso é exagero, pois ele é um empregado provisório: hoje dirige esta equipe e amanhã poderá estar conduzindo a equipe do clube adversário. Note que eu dizia que o técnico é um apaixonado por futebol e, pela lógica, enquanto dirige este time, estará derramando sobre ele toda a paixão e entusiasmo que tem por futebol. Haverá uma simbiose entre Técnico, jogadores, time e clube.

Como o Técnico não é dono do time e sua contratação não é perene, deve ser motivado também pelo salário. É evidente que ele é funcionário de alto padrão, assim como um executivo de grande empresa. Não discuto quanto deve ganhar um técnico. Depende de vários fatores, até mesmo porque há Técnicos e Técnicos. Há Técnicos três estrelas, quatro estrelas, e cinco estrelas. Há Técnicos que se dão bem no time e fazem sucesso e outros que, embora de renome, não conseguem fazer o grupo deslanchar.

Sabe-se que o Técnico, ao ser contratado, às vezes leva a parte do leão, ou seja, recebe salário alto e, em caso de demissão, tem a seu favor o valor de uma multa mais ou menos pesada. Isso não existe numa empresa.

Um executivo é contratado para que a empresa alcance sucesso e lucro. Não acontecendo, é dispensado simplesmente. Não existe esta história de multa, que poderá até fazer um Técnico voraz se descuidar dos jogos para ser demitido, tendo em vista outra proposta por baixo da manga. Causou estragos no time e no clube e ainda levou dinheiro. Não estou acusando, estou elucubrando.

A meu ver, de acordo com a modernidade empresarial, o Técnico deveria ganhar um valor fixo e mais tanto por vitória, pois ele não está contratado apenas para dirigir um time, mas essencialmente para levá-lo à vitória. A vitória é o produto. Não acontecendo, haverá rescisão normal de contrato, sem o bocado do leão para ninguém.

PSICÓLOGO

Um clube de futebol, à altura dos tempos atuais, tem duas opções inarredáveis: ou contrata um psicólogo-esportivo ou o Técnico tem que ser também psicólogo.

Jogador é cabeça: se esta não funciona, a desgraça está feita. Vê-se cada aberração no comportamento de certos jogadores, que deixa o observador assustado com a incompetência psicológica do Técnico. Qualquer espectador percebe quando o atleta está alterado, inibido, extraviado como perdiz no campo, e, muitas vezes, não se nota atitude nenhuma de parte do Técnico. Se este fosse bom psicólogo, tomaria atitude imediata no sentido de chamar a atenção do jogador que está saindo fora dos limites, maduro para ser expulso, ou cometendo faltas perigosíssimas nos arredores da área, por pura afobação ou descontrole.

A psicologia do Técnico deve avaliar o comportamento de cada jogador, saber como tratá-lo e motivá-lo.

Como bom psicólogo, o Técnico reconhece quando o jogador tem problemas extracampo e precisa de aconselhamento. E aconselha, pois é psicólogo.

O Técnico-psicólogo resolve positivamente as contendas entre os jogadores, as mágoas acontecidas e as agressões verbais que geram desunião. Ele sabe unir a desunião e fazer com que reine ambiente familiar no grupo.

Luiz Felipe Scolari, o Felipão, e alguns outros Técnicos, tratam de criar ambiente de família entre os jogadores, pois é uma forma de lutarem juntos, se ajudarem, brincarem, festejarem e darem-se mutuamente todo apoio.

Jamais o Técnico poderia, ele mesmo, incorrer em desequilíbrio psicológico, o que acontece quando não se contém em reclamações acintosas e continuadas à beira do gramado ou quando comete descontrole verbal contra jogadores. É verdade que há atletas que funcionam empurrados por gritos, mas há outros que reagem melhor a uma fala ponderada.

Catástrofe maior ocorre quando o Técnico, sem psicologia nenhuma, forma grupinhos, panelinha de protegidos, e dá preferências sentimentais por um ou outro, em detrimento da equipe. Pode até ter alguma preferência empática, como certos pais em relação a algum filho, mas deve ser justo, equânime, correto e atencioso com todos igualmente.

O Técnico-psicólogo capta o momento psicológico do jogador, as razões da má fase, ajuda a separar problemas familiares de compromissos da profissão. Mais do que isso, conversa com o jogador sobre a crise de casamento, situações de separação, abalos sentimentais, excesso de bebidas e de noitadas, enfim, faz até mesmo papel de pai. Não estou exagerando, pois jogadores não são postes correndo, mas seres humanos jovens, inexperientes, desejosos de afirmação, sonhando com o sucesso, a felicidade, o amor a dois e a busca de reconhecimento. Um pouco de ânimo e carinho faz bem a qualquer ser humano, principalmente ao jovem.

Se ao Técnico faltar conhecimento psicológico, o time renderá muito menos, muito menos. Basta reconhecer que é a mente que conduz o jogador e não os pés. Se a mente está lúcida, desperta, límpida, o jogador tem todas as condições para dedicar cem por cento de si ao jogo. Se a mente estiver poluída, carregada, preocupada, assustada, sobrará pouco espaço para concentrar-se no jogo.

O Técnico, além de tudo, é um exímio motivador. Em outro capítulo, falo da motivação, como energia essencial ao futebol.

CAPÍTULO 7

O Preparador Físico

Indiscutivelmente, o papel do Preparador Físico é fundamental. Futebol é corrida, resistência, musculatura, agilidade, força, arranque, ginástica, salto, impulso para cima, choque, divididas, esbarradas, leveza, malabarismos. Por aí se vê que, sem preparo físico, não se faz jogador de futebol, muito menos um craque.

Preparador Físico que não coloca em campo uma máquina funcionando a todo vapor, durante os noventa minutos, sem diminuição do ritmo, não está cumprindo a contento sua missão.

Todos sabem que só técnica não ganha

partida, como sabem, é claro, que só correria não ganha jogo, embora possa equilibrar uma contenda em que o adversário usa apenas a técnica apurada.

Já vi a seleção brasileira, com todos seus cobrões e medalhões, se dar mal contra uma seleção fraca tecnicamente, mas efervescente e lutadora. Com um exemplar preparo físico, esta seleção conseguia se antecipar nas jogadas, atacar e defender com vários companheiros, bloquear em grupo o adversário e arrancar na direção da meta.

Qualquer time de sucesso alia qualidade com preparo físico. Pode-se atribuir valor de 50% para cada parte. É por isso que os times principais, que investem alto em contratações, sofrem, às vezes, para vencer times do interior. A arma destes é o preparo físico, a garra, o preenchimento dos espaços e os avanços impetuosos.

Com técnica e preparo físico, meu Deus, o time faz barbaridades. Como não é fácil contratar jogadores de grande potencial técnico, a melhor arma, e mais barata, é armar uma equipe voadora, ou seja, capaz de auto-superação através da velocidade e do método pega-ratão.

MÉTODO DEZ-DEZ-DEZ

Em 2001, quando o Grêmio estava ameaçado de cair para a segunda divisão, ou Série B, fui dar uma palestra de motivação aos jogadores. A situação do time estava muito difícil dentro da tabela. Dentre os 15 pontos possíveis, o Grêmio necessitava fazer 12, uma empreitada homérica. Conseguiu.

Na palestra, depois de me apresentar e dizer dos tempos em que jogava futebol e fui campeão de Futsal em Santa Maria, avisei aos jogadores presentes que ia apresentar-lhes um método de futebol através do qual ganhariam todas as partidas. Mais do que isso, venceriam qualquer time, inclusive o Real Madrid, top do futebol na época. Os jovens sorriram incrédulos, mas curiosos. Acrescentei que esse segredo iria contar-lhes no final da palestra. Chegado o momento, informei que se tratava do "Método dez-dez-dez". Diante da interrogação, esclareci que este método significava jogarem dez atletas na defesa, dez no meio-de-campo e dez na frente. Com essa estratégia, ganhariam, com folga, todas as partidas, porque estariam jogando com trinta contra onze. Fui logo desfazendo a decepção dos jogadores diante do pseudo-absurdo. Nada de anormal, expliquei. É o supremo recorde de preparo físico. É o futebol do futuro, que pode ser antecipado, pelo menos em parte, através de saúde excelente, preparo físico à base da mais alta tecnologia, motivação fogosa e recompensa excitante. Para minha surpresa, poucos dias depois, ouvi uma matéria esportiva, na televisão, em que o autor assinalava que o avanço da tecnologia e dos conhecimentos sobre a potencialidade humana permitirá que todos os jogadores se façam presentes ao mesmo tempo em todo campo. E chegar-se-ia a esse desempenho por volta do ano 2030. Sorri de satisfação. Não estava propondo nada de impossível. Aliás, quantos recordes são ultrapassados em cada Olimpíada! Outra surpresa me aconteceu ao ler o livro Futebol ao Sol e à Sombra, em junho de 2007. No capítulo A Máquina, vejam o que Eduardo Galeano escreveu:

"Em princípios da década de 40, o clube argentino River Plate formou uma das melhores equipes de futebol de todos os tempos.

"Uns entram, outros saem, todos sobem, todos voltam" - explicava Carlos Peucelle, um dos pais da criança. – "Em rotação permanente, os jogadores mudavam de posição entre si, os defensores atacavam, os atacantes defendiam". "No quadro negro e no campo" – dizia Peucelle - "nosso esquema tático não é o tradicional 1-2-3-5. É o 1-10 ... "O público batizou com o nome de A Máquina aquela equipe lendária, pela precisão de suas jogadas".

E eu que julgava ter inventado o "Esquema dez-dez-dez". Pelo menos, ninguém poderá acusar-me de utópico.

Mas, o que eu queria com o "Método dez-dez-dez", era chamar a atenção para o que acontece em campo com relativa freqüência: o jogador dianteiro perde a bola e fica parado, porque agora compete ao meio-campo atacar o adversário; o meio-campo não conseguiu conter o adversário e deixou a responsabilidade para a defesa; a defesa não pôde brecar o adversário e eximiu-se de correr atrás, porque agora era assunto para o goleiro. E bumba! Gol nele! No "Método dez-dez-dez" isso não acontece, já que todos estão na frente, no meio-campo e atrás. E todos jogam atrás, no meio e na frente. Como é que o time quer fazer gol deixando apenas um centroavante no meio das feras? Quando os atletas entram em bloco, a bola vai para um, para outro, bate no companheiro e sobra para alguém empurrá-la para o fundo das redes. Caso percam a bola, imediatamente, em alta velocidade, todos estão retornando e bloqueando a passagem do adversário. "Método dez-dez-dez". Esse é o segredo do time-fenômeno. Será que teremos que esperar até 2030?

O preparo físico do jogador começa com uma ótima saúde; boa alimentação; dieta adequada; oito horas de sono; suplementos de vitaminas, sais minerais e proteínas, conforme a necessidade; eliminação de cigarro, bebidas alcoólicas em excesso e noitadas. O Preparador Físico se encarregará de dar todas as dicas nesse sentido.

Por incrível que pareça, o Preparador Físico deverá estar atento a situações de estresse dos atletas, pois o estresse debilita as resistências, desarmoniza o organismo e isso vai repercutir negativamente no desempenho da partida.

Por outro lado, tudo o que é negativo, que traz sofrimento, que abate emocionalmente, como contrariedades, discussões, problemas familiares, luto, perdas, fracassos, dores, decepções, separações, incompreensões, brigas amorosas, gera tensões, que, somadas, produzem hipertensões, que vão transformar-se em estresse.

Ficar toda hora chateado, se irritar facilmente, achar tudo "um saco, uma droga" - é fator estressante.

A competitividade não é estressante, estressante é considerar o adversário como inimigo. Inimigo é palavra que traz conotação de ódio e ódio é tremendamente prejudicial à saúde. Quando o jogador entra em campo com vontade de "matar o inimigo e enfiar gols guela abaixo dele", pode-se ver, pelas expressões, que se trata de emoção negativa, cujo resultado é o enfraquecimento do sistema imunológico.

As pessoas irritadas, revoltadas, chateadas, secretam até 40 vezes mais cortisol das glândulas supra-renais do que as competitivas e apressadas. Cortisol em excesso é tóxico para o organismo.

Cerca de 70% das enfermidades - segundo o Dr David Servian-Schreiber, médico-psiquiatra, escritor - são causadas pelo estresse.

Você, como jovem, talvez não saiba bem o que é estresse. Consiste em pressão imposta à pessoa, ocasionando modificações fisiológicas em seu organismo: aumentam os batimentos cardíacos, sobe a pressão arterial, contrai-se a musculatura, ou seja, o organismo se prepara para a luta ou fuga.

O Dr Jack Lawson, em seu livro "Endorfina, a Droga da Felicidade", anotou:

"Tudo aquilo que impede "fluir" de um modo espontâneo e natural, provoca-nos uma reação, e então somos obrigados a enfrentar o fato e adaptar-nos: é o estresse. Qualquer mudança importante em nossa rotina diária é geradora de estresse.

Entre os fatores mais estressantes, encontram-se os de natureza emotiva. Para o homem norte-americano, o que causa mais estresse é ter de encarar uma situação de divórcio. Também a perda de um ente querido e até mesmo a perda de emprego provocam um elevado índice de estresse.

O estresse pode gerar mudança de temperamento, o indivíduo tornar-se taciturno e perder a vontade de viver e lutar.

O tratamento do estresse geralmente é à base de calmantes ou estimulantes, mas seus efeitos secundários podem causar ainda mais estresse. A única maneira de compensar esse problema, em vez de combatê-lo, consiste em ajudar o corpo a segregar normalmente as endorfinas necessárias". Até aqui o Dr Jack Lawson.

Veja, meu amigo, que o estresse rouba a vontade de lutar e gera apatia. Como você poderá jogar bem se leva vida estressante?

Analise este depoimento: "Quando o estresse aumenta, a imunidade vai lá para baixo e aumentam os riscos de o corpo adoecer. Dessa gangorra, surgem gripes, dores de cabeça, mal-estar..." (Trecho de artigo da revista "Saúde é Vital", set 2006).

Achei bom repassar a você um comentário do Dr Deepak Chopra, médico indiano, desde a década de 1970 radicado nos EUA, filósofo de reputação internacional, com mais de 35 livros escritos, considerado um dos mais respeitados pensadores da atualidade.

Escreveu: "Somos as únicas criaturas da face da Terra capazes de mudar nossa biologia pelo que pensamos e sentimos. Nossas células estão constantemente bisbilhotando nossos pensamentos e sendo modificadas por eles. Um surto de depressão pode arrasar seu sistema imunológico; apaixonar-se, ao contrário, pode fortificá-lo tremendamente.

A alegria e a realização nos mantêm saudáveis e prolongam a vida.

A recordação de uma situação estressante, que não passa de um fio de pensamento, libera o mesmo fluxo de hormônios que o estresse. Suas células estão constantemente processando as experiências e metabolizando-as de acordo com seus pontos de vista pessoais... Você se transforma na interpretação, quando a internaliza. Quem está deprimido por causa da perda de um emprego, projeta tristeza por toda parte do corpo; a transmissão de neurotransmissores por parte do cérebro reduz-se, o nível de hormônios baixa, o ciclo de sono é interrompido, os receptores neuropeptídicos, na superfície externa das células da pele, ficam distorcidos, as plaquetas sanguíneas tornamse viscosas e mais propensas a formar grumos, e até suas lágrimas contêm traços químicos diferentes das lágrimas de alegria.

Isto reforça a grande necessidade de usar nossa consciência para criar o corpo que realmente desejamos. Você quer saber como está seu corpo hoje? Lembre-se do que pensou ontem. Quer saber como estará seu corpo amanhã? Olhe seus pensamentos hoje. Ou você abre seu coração ou algum cardiologista o fará por você." (Recolhido da Internet, enviado por Sonia Giannini, 31 dez 2006).

Há várias maneiras naturais de aliviar o estresse, por exemplo, ser feliz, amar, abraçar, fazer sexo, caminhar, nadar, fazer exercícios físicos, o sol, orar, meditar, relaxar, dormir bem, rir, ser alegre, acreditar que todas as coisas e situações conduzem ao melhor, ser grato, brincar, entrar em contato com a natureza, assim por diante.

Estou escrevendo isso porque a saúde é o melhor preparo físico.

O Preparador Físico deve ter amplo conhecimento de tudo que pode desgastar energias físicas e tudo que pode trazer energias saudáveis, pois o rendimento do jogador é proporcional à sua reserva energética.

O craque deverá estar informado desses detalhes, quer através do Preparador Físico, quer através de palestras sobre o assunto, ou então por leituras ou médicos.

Talvez você torça o nariz dizendo que essas coisaradas todas fazem a chatice da vida. Esta é uma forma de visão. Mas o craque analisa de maneira diferente. Ele sabe que seu tempo de colheita é curto e tanto mais sucesso terá quanto mais preparado estiver para uma excelente performance no campo. E conclui inteligentemente que é necessário dar tudo de si para o melhor rendimento, porque redundará em melhores contratações e maiores resultados financeiros. Esta é uma opção de vida.

Chega a hora em que todos os cidadãos do mundo terão que optar. O professor terá que dispor de tempo para estudar e de horários fixos para lecionar; o militar deve aterse à disciplina exigida; o radialista ou o programador de tevê não pode pescar, viajar, afastar-se quando mantém programas diários ao vivo. Os operários e gerentes devem cumprir seus horários dia-a-dia e entender do que fazem. Portanto, nada mais natural que o jogador observe o que lhe compete para que realize com eficácia aquilo para o qual está contratado. O craque faz isso. Você não quer ser craque? Tudo tem seu preço. Assim é a vida. Como diz o velho ditado: "Todas as vantagens não cabem num saco só". Se você deseja ser craque, seguirá essa cartilha com entusiasmo. O montanhista não olha para as machucaduras, os perigos, a roupa rasgada, o mau tempo, o cansaço, a falta de comodidade, quando se mete a escalar a montanha. Desfruta o prazer da escalada.

CAPÍTULO 8

Motivação é Fundamental

Fala-se muito em motivação, hoje em dia. Muitos livros são lançados sobre o assunto, muitos cursos e palestras são promovidos sobre esse tema. É sinal de que tem muito significado. Ninguém acende vela para mau defunto.

Num curso que ministrei em Portugal, em maio de 2007, projetei estas afirmações em slide:

"Não há força mais irresistível
e poderosa do que a mescla energética
feita de entusiasmo, ambição e
motivação.

E se acrescer a explosão da fé
que move montanhas,
você alcança o inalcançável
e consegue o milagre".

Qual é a diferença entre entusiasmo, ambição, motivação e fé?

Entusiasmo é energia do alto, arrebatamento, impulso sublime, força superior, luz que nasce das estrelas, força que leva para frente e para o alto.

Napoleão Bonaparte, grande general francês, imperador, disse:

"O entusiasmo é a maior força da alma. Conserva-o e nunca te faltará poder para conseguires o que desejas".

Entusiasmo é palavra de origem grega e significa: en=dentro - Theós=Deus. Deus dentro. É Deus dentro de você como poder, força, luz e sabedoria.

O conhecimento indica o caminho, mas é o entusiasmo que move à ação.

Você sabe que tem que jogar bem, marcar posição, defender, atacar, fazer gols; sabe que está sendo bem pago para efetuar esse trabalho; sabe que as pessoas esperam isso de você. Sabe, mas não tem ânimo, não sente disposição. Significa que tem conhecimento, mas não tem entusiasmo. A mente dita as regras, mas é o entusiasmo que leva a agir. E a ação é conseqüência da determinação. E a determinação faz a persistência. E a persistência faz o resultado. Conclusão óbvia: onde há entusiasmo, há resultado.

Motivação é encontrar motivos poderosos que movam à ação. Motivo - mover. Pessoa motivada movimenta-se na busca do seu sonho.

* * * * *

Onde o craque vai buscar entusiasmo e motivação?

1 – *No amor e no prazer que tem pelo futebol.* Jogar futebol, para ele, é fonte inesgotável de alegria, é atração irresistível. Entrar num campo de futebol é o paraíso e meter a bola nos pés é a suprema glória.

2 - *No sonho de ser campeão.* Segurar uma taça, ser proclamado campeão, ir para as manchetes, ser aclamado pelas multidões, é fonte imensa de motivação.

3 - *No sentimento de alegria que causa aos torcedores.* Sabe que está fazendo um bem enorme a muitas pessoas, algumas até encontram aí sua única razão de viver. O coração do craque se inunda de prazer ao se dar conta da felicidade, do divertimento e do entusiasmo que está propiciando a tanta gente. Há pessoas solitárias, abandonadas à própria sorte, agarradas a fiapos de esperança, que têm no futebol e, em particular, no seu craque, a alegria da vida. O craque, lá no fundo do coração, abençoa esse irmão de planeta e faz o que pode para dar-lhe uma noite bem-dormida.

4 - *No aplauso,* essa música excitante, que sacode as fibras do coração.

5 - *No elogio.* Quem não sabe que elogio é energia extasiante, que levanta o ego, a auto-estima e traz sensação de felicidade?

6 - *No reconhecimento.* Como todo ser humano, ser reconhecido pelos esforços, pelo mérito, pela qualidade, pelo valor, pelo heroísmo, faz um bem incomparável.

7 - *Na namorada, na noiva, na famí-*

lia. O jogador sabe o quanto valem os abraços de felicitações e os elogios das pessoas queridas. Tanto é verdade que, de vez em quando, se ouve o jogador dedicar o gol à mulher, ou à namorada, ou ao filho recém-nascido. O craque sente-se gratificado ao saber-se orgulho da família.

8 - *No sonho da fama e das manchetes.* Ser famoso é, para a maioria dos jogadores, a suprema glória.

9 - *No dinheiro que ganha.* O dinheiro é a recompensa material, por isso é grande motivador. Levando-se em conta de que boa parte dos jogadores vêm de ambiente pobre, o sonho da roupa de grife, do carro, do apartamento, da casa de praia, do conforto material, de equipamentos de som, computador de primeira geração, etc, é fantástico motivador. O craque já alcançou tudo isso e sua motivação material voa mais alto.

10 - *Na satisfação* de ajudar os companheiros de equipe, de agradar o técnico e o prazer de receber a consideração do clube, através do Presidente, dos conselheiros e dos sócios.

Por aí se vê que não basta ter pés perfeitos e preparo físico. Quem manda na pessoa é a mente e o coração. Por isso, clubes inteligentes encontram meios de motivar os jogadores. Técnico, Preparador Físico, Assessores, têm obrigação de exercer métodos de entusiasmo e motivação, caso contrário perdem grande potencial do jogador. Às vezes, uma frase, ou um exemplo, é o suficiente para motivar a equipe.

Certo dia, estava ouvindo uma entrevista feita com um técnico, na véspera de grande jogo difícil, e o radialista perguntou-lhe se houve alguma motivação especial aos jogadores. O técnico respondeu que não, que os jogadores são conscientes, sabem o que têm que fazer, conhecem seu compromisso.

É uma resposta inteligente, mas burocrática, fria.

Lembra o que escrevi a respeito da diferença entre conhecimento e entusiasmo? Você pode saber o que fazer e não fazer nada. O conhecimento aponta o caminho, mas não move à ação.

Certa vez, havia quatro rãs
em cima de um galho, sobre o pântano.

Uma delas decidiu pular para o banhado.
Quantas ficaram no galho?
Pense um pouco.
Pois bem, ficaram as quatro rãs, porque decidir não é ação.
Saber não é ação.

Quanto mais entusiasmados estiverem os jogadores, com mais força e determinação mover-se-ão à ação.

Às vezes, um time de qualidade se arrasta em desânimo por questões de atraso de salários, críticas acerbas, falta de reconhecimento, posição calamitosa no campeonato, etc. Tocar a parte emocional do atleta, pôr fogo no seu coração, incendiá-lo com valores mais altos e transcendentais do que os materiais, mexer com os brios - são formas de ativar a parte mais importante e mais sensível do jogador numa disputa futebolística.

Os grandes feitos da humanidade não foram motivados por recompensas materiais.

Realizações extraordinárias e gestos heróicos foram praticados por um ideal.

A convicção de que o time precisa ganhar a partida e a decisão de vencer não são suficientes para que isso aconteça. O jogador sabe que está aí para jogar, sabe que a finalidade é buscar a vitória, sabe que está ganhando bem para cumprir esse desiderato, está decidido, mas, mesmo assim, pode estar faltando o principal: o fogo do entusiasmo, a energia irresistível que gera o segundo fôlego, a motivação poderosa que leva à bravura.

Você pode ter consciência de que necessita urgentemente tomar o remédio para recuperar a saúde, mas não sentir vontade de fazê-lo e não fazer. Isso ocorre com freqüência na vida. Tempos atrás, falava-se em inteligência emocional.

O convicto diz: "Vou cumprir o meu dever!"

O entusiasta diz: "Vou vencer, custe o que custar!"

O convicto vê a ordem das coisas; o motivado vê o resultado.

O convicto é eficiente; o motivado é eficaz.

O convicto pode entrar no jogo com medo; o entusiasmado entra disposto a vencer, seja qual for o adversário.

O entusiasmo é a energia que mantém aceso o facho da determinação, da ação e da persistência. Sempre que houver entusiasmo, haverá persistência. Em futebol, persistência é qualidade indispensável. Há jogadores que se abatem quando estão perdendo, e desistem quando o jogo vai para o final, isto é, exatamente nos momentos em que mais força sobre-humana se necessita. Falta-lhes entusiasmo, a energia da persistência, a luz que faz acreditar contra toda esperança.

A ambição é também uma força positiva, quando bem endereçada.

Se entusiasmo é força do alto, ambição é força da terra, força bruta, força de furacão, força que leva para qualquer direção. A ambição aciona a parte primitiva do cérebro. O ambicioso não se detém por nada neste mundo até alcançar seu objetivo. Tem determinação, garra, ousadia, persistência, clareza do que quer e como chegar lá.

As grandes aventuras, os descobrimentos em que ninguém acreditava, as façanhas esportivas, as escaladas impossíveis de picos nevados, foram obra de gente ambiciosa até a medula dos ossos.

A ambição moveu grandes nomes que

hoje glorificam a galeria dos famosos.

O antropólogo carioca Everardo Rocha, da PUC do Rio de Janeiro, disse que o ambicioso de sucesso visualiza claramente o que quer, planeja-se atingir esse objetivo e acerta na hora de colocá-lo em prática.

A ambição produz efeitos especiais no organismo, que vão repercutir nas atitudes do jogador.

Diz o consultor Eugênio Mussak, da Sapiens Sapiens, de São Paulo, que a "ambição mexe com o metabolismo quando você pensa positivamente no objeto do desejo. Ela estimula a liberação de serotonina, neurotransmissor ligado à sensação de prazer e bem-estar. A ambição mantém a energia necessária para que a pessoa toque seus projetos".

Mas, ambição é força bruta, primitiva; deve ser fundida no entusiasmo, que é energia superior e sempre positivamente ética.

Ambição deixada ao sabor de si mesma pode ser sinônimo de ganância, exploração, corrupção, prepotência, violência, egoísmo. Jogador dominado pela ambição desenfreada, faz trapaças, despreza a ética, comete injustiças, mete o trator por cima dos outros para chegar ao objetivo. E não chegará, porque o descaminho nunca leva ao caminho.

Foi feita uma pesquisa por Mark Albion, há vinte anos, na qual perguntou a 1.500 jovens que concluíam a MBA, o que farão da vida. A resposta foi a seguinte:

83 % disseram que se dedicariam a ganhar dinheiro.

17 % afirmaram que iriam fazer algo que lhes desse "satisfação e realização pessoal".

Resultado:

Hoje, dos 1.500 jovens, 101 são milionários e, destes, 100 pertenciam ao grupo dos 17 %. Portanto, parece que o segredo para ter sucesso material é não se concentrar nele. (Extraído de Veja, 01/03/2006)

Robert Wong, Diretor da Korn/Ferry International, ensina a maneira de usar a ambição, aplicando três perguntas básicas:

Do que eu gosto?

Em que sou bom?

Os outros estão dispostos a me pagar por isso?

Eu acrescento mais esta pergunta fundamental:

Estou disposto a tudo para chegar ao meu objetivo?

O estopim que aciona a energia da motivação, do entusiasmo e da ambição se chama fé. Não estou falando de religião, mas de uma Lei Universal, que move montanhas e tudo alcança. Ninguém menos do que o Mestre dos mestres afirmou isso. Quem é você para duvidar?

Tenha fé que vai chegar aonde deseja e chegará infalivelmente, porque a fé nunca falha. Também esta é uma verdade clarificada pelo Mestre.

A fé é uma força todo-poderosa e o craque não pode prescindir dela. Este é um segredo que dará ao jogador uma potencialidade insuperável, pois a fé transcende as medidas racionais e conscientes. Toca outra dimensão, pouco conhecida.

– Mas, o que é a fé? – perguntará você.

"Fé é crer firmemente na realização da sua palavra". Jesus.

Significa que toda palavra, todo pedido,

todo desejo, todo pensamento, *acreditado,* torna-se realidade física.

O craque tem fé absoluta de que é bom de bola, joga maravilhosamente bem, se desempenha com excelência no gramado, e alcança o que pensa que vai alcançar. Como a palavra é o exercício do poder criador, essas afirmações acreditadas moverão céus e terras para que se realize o desejo.

Escreveu o conhecido filósofo-poeta Emerson: "O pensamento é a semente da ação".

Nenhum craque, no pleno sentido da palavra, pode esquecer ou menosprezar essa força superior, tão desconhecida, chamada fé, pois nela reside sua segurança, seu espírito altaneiro, sua convicção, sua determinação, sua persistência apesar de todas as barreiras e impossibilidades.

O craque jamais desistirá de aprender a chutar com exatidão, a endereçar cabeceadas certeiras, a executar uma bicicleta deslumbrante e eficaz. Ele tem fé que tudo é possível àquele que crer que tudo é possível, como ensinara o Mestre e tantos cientistas do pensamento e da mente.

Craque não é supersticioso. Tem

discernimento, lê bastante, assiste palestras por livre vontade, não por obrigação, e extrai suas próprias conclusões.

Para o craque, não existe fracasso nem apupos da platéia. Existem lições que precisam ser aprendidas. Analisa os erros e trata de corrigi-los para os transformar em experiências altamente benéficas. Sua fé jamais esmorece.

Henry Ward Beecher, (1813-1887), foi teólogo norte-americano, defensor dos negros e adepto da teologia liberal. Escreveu ele: " É o fracasso que faz os ossos se formarem, os músculos se enrijecerem e torna as pessoas invencíveis, transformando-as em heróis que se despontam neste mundo. Portanto, não tenha medo do fracasso. Você nunca estará tão perto da vitória se não usar o fracasso para uma boa causa".

Para o craque, tudo é motivação positiva e útil. Sabe que fracasso não é fracasso, mas ensinamento necessário para um melhor resultado. Até os apupos soam como aviso benfazejo: "Eu vou melhorar e aperfeiçoar as jogadas e vocês vão me aplaudir. Agradeço a informação".

Eleanor Roosevelt, norte-americana, mulher do presidente Franklin Delano Roosevelt (1884-1962), disse:

"Ninguém pode fazê-lo sentir-se inferior
sem o seu consentimento".

O craque sabe que fé é uma Lei Universal, ditada pelo Infinito, e pouco importa se o comum da humanidade ainda não descobriu essa maravilha.

"Afirmai a vossa posse sobre o bem que desejais; tende confiança nela porque estais agindo em virtude de uma LEI, e não podeis fracassar ... Mais fácil é caírem os céus do que falhar aquilo que desejais". ("As Leis Dinâmicas da Prosperidade", Catherine Ponder).

Volto a citar Ralph Waldo Emerson (1803-1882), um dos psicólogos mais influentes do progresso dos EUA. Escreveu ele:

"Nenhuma aptidão,
nenhum auxílio,
nenhum treinamento
será capaz de compensar a falta de fé".

CAPÍTULO 9

Acione Sua Força Interior

No começo, assinalei que o craque joga com os pés, a cabeça, o cérebro, a mente, o coração e o espírito. Este é o mais alto estágio de um craque.

Normalmente, o atleta joga com os pés e, não raro, também com a cabeça, o cérebro e a mente. Muitos também jogam com coração, alma, sangue e garra. Mas, quase nenhum atleta sabe sobre a necessidade de jogar ligado no espírito. Na maioria das vezes, nem sabe o que é espírito. Antes de tudo, é bom esclarecer que não tem nada a ver com ente desencarnado rondando suas canelas.

Espírito é a parte mais superior do ser humano, por isso ainda bastante desconhecida. Simplificando, espírito é a fagulha divina, a divindade, o Deus imanente em toda criatura humana.

Quando Jesus assegurava que todos temos poder infinito, capaz de tudo alcançar, estava pensando no ser humano total, desde a dimensão da matéria - o corpo - até a dimensão do espírito - a divindade. Baseado nessa verdade, Jesus disse, certa vez: "Vós sois deuses!" Se realmente você é um deus, mesmo que com minúscula, tem poder de criar e de curar.

A LEI DA ATRAÇÃO. O livro "O Segredo", best-seller atual, pontifica a Lei da Atração e diz que nós atraímos o que pensamos, acreditamos e desejamos, seja o que for. Essa verdade eu assinalava em meu primeiro livro O Poder Infinito da Sua Mente, lançado em 1980. Já na primeira frase do livro, eu falava literalmente sobre um segredo:

"E lhe será dado conhecer o segredo que vai transformar seus sonhos em realidade".

Na segunda página do livro, escrevi:

A CHAVE DO SEGREDO

Onde está o paraíso perdido? Em que região fica o reino dos céus? Qual é o caminho que leva à Cidade Encantada das Mil e Uma Noites? Em que lugar se localiza a fonte da eterna juventude? Onde se pode adquirir o elixir da longa vida? Como chegar ao cobiçadíssimo Eldorado? Onde se encontra a fonte do perene amor?

A imaginação popular e a inteligência criadora inventaram esses mundos e esses estados de vida, frutos das grandes aspirações do ser humano.

Inventaram?

Não. Eles existem. Sim, eles existem.

Você mesmo será o grande conquistador do reino dos céus; da cidade encantada das Mil e Uma Noites; você mesmo encontrará a fonte da eterna juventude; você mesmo beberá o elixir da longa vida; sim, você mesmo será o grande aventureiro que tomará posse do paraíso perdido.

Jogue o boné para o ar e festeje esta data. Agora você está se tornando o herói todo-poderoso da sua própria vida.

Claro, sei que já está ansioso por tomar nas mãos a chave, o mapa e o segredo.

Muito bem. Comece, então, a ler este livro e prepare-se para os maravilhosos acontecimentos que sucederão na sua vida". ("O Poder Infinito da Sua Mente 1"(1980) - 1.200.000 exemplares vendidos).

Pois bem, não estou aqui para fazer propaganda dos dois livros, mas para lhe dizer que, como craque, precisa estar sempre de bem com a vida, feliz, em alto-astral, mergulhado na abundância, no amor, na felicidade e no sucesso.

O mapa da mina, que mencionei acima, é saber que existem Leis Universais, através das quais você tem certeza de ser e ter o que quiser. Essa crença colocará você em estado de perfeita saúde física, mental, emocional e espiritual. Este estado mental é a base do sucesso no futebol.

A Lei da Atração é uma das Leis que impulsionam a vida nos trilhos do bem-estar e da felicidade.

Existem outras Leis Universais:

A LEI DA FÉ: você se transforma naquilo em que acredita. Fé, segundo Jesus, é "crer firmemente na realização da sua palavra". É ter certeza de que a sua palavra, seu pensamento, seu desejo, sua oração, seu pedido, se realizam.

A LEI DE QUE CADA UM COLHE O QUE SEMEIA. Não existe azar e nem sorte. Cada qual colhe o que semeia. Você pode semear o que quiser, mas a colheita será obrigatória. Ensinou o Mestre: "Toda árvore boa produz bons frutos e toda árvore má produz maus frutos".

A LEI DA AÇÃO E REAÇÃO. Toda ação produz reação correspondente. Isto já dizia o cientista Isaac Newton.

A LEI DA EXPECTATIVA. O que você espera, alcança. Não é por nada que o apóstolo Paulo ensinava:"Quem espera sempre alcança".

A LEI DE CAUSA E EFEITO. Toda causa produz seu efeito próprio. Todo efeito, tudo que lhe acontece na vida, tem em você a causa criadora. Mude a causa e mudará o efeito. Não importa se tudo está dando errado na sua vida e a vaca vai indo para o brejo, como dizem os gaúchos. Mude a causa e os resultados mudarão. Se você continua pensando como está pensando agora, o resultado será sempre o mesmo. Absurdo é uma pessoa pensar sempre a mesma coisa e esperar resultados diferentes. Se as coisas vão mal, mude os pensamentos, os sentimentos, as crenças, e sua vida mudará da água para o vinho.

A LEI DE QUE O SEMELHANTE ATRAI O SEMELHANTE. Seus pensamentos atraem o conteúdo dos pensamentos. Os iguais se atraem.

Por essas Leis Universais e infalíveis, o craque está ciente de que o mundo que ele cria na mente se manifestará na sua vida. Sabe que essas Leis sempre se autocumprem, independentemente se a pessoa acredita ou não, concorda ou não, é a favor ou contra, conhece ou desconhece. São Leis transcendentais. O craque trata de aproveitar essas balizas e pautar a vida dentro desses padrões. É por isso que é pessoa confiante, alegre, positiva, otimista e capaz de iluminar uma partida obscurecida por mau jogo.

Entre os sábios da antiguidade, que clarificaram a existência de um Poder ilimitado em toda criatura humana, está destacadamente Jesus. Várias vezes ele revelou essa estupenda verdade:

"Quanto ao poder, que tem fé tudo pode".

"Seja o que for que desejardes, quando orardes crede que tendes alcançado e alcançareis".

"Aquele que tiver fé e disser a este monte,"sai daqui e lança-te ao mar" e se não duvidar em seu coração mas crer firmemente na realização da sua palavra, há de acontecer assim mesmo"

Não é necessário continuar as citações. O craque já entendeu.

CAPÍTULO 10

Como Treinar Mentalmente

Antes de tudo, devo dizer-lhe que a imaginação é o estímulo mais poderoso sobre a mente e a vida. O conhecido escritor Joseph Murphy, autor de 36 livros sobre o poder da mente, anotou: "Você se transforma naquilo que imagina ser".

O grande sábio da bíblia, Salomão, afirmou: "Assim como imaginou na sua alma, assim é".

O cientista Albert Einstein disse que a imaginação é mais importante que o conhecimento.

Poderia continuar citando outros estudiosos, mas chega. O mais importante é saber que nem o cérebro e nem a mente subconsciente distinguem entre imaginação e realidade. Para eles é a mesma coisa. Assim, jogar futebol fisicamente ou mentalmente, não tem diferença nem para a mente e nem para o cérebro. Até mesmo a química do corpo se modifica quase que identicamente quando se pratica a imaginação ou a realidade. É por isso que a lembrança de algo acontecido no passado produz a mesma reação no corpo, quando o cérebro ainda estiver carregado com a energia emocional.

Entrando no assunto do esporte, vou contar uma experiência realizada com o basquete.

Três grupos de estudantes foram submetidos a um teste de 21 dias.

O primeiro grupo treinou na quadra arremessos na cesta durante 20 minutos por dia, nesses 21 dias. Foi realizada avaliação no primeiro e último dia.

O segundo grupo não fez qualquer exercício nesses 21 dias. Foi também examinado no primeiro e último dia.

O terceiro grupo, nesses 21 dias, fechou-se numa sala durante 20 minutos por dia para treinar apenas mentalmente. Nesse período, praticava arremessos mentais. Foi avaliado no primeiro e no último dia.

Resultado:

O primeiro grupo, que fez arremessos reais na quadra, apresentou melhora de 24 % no aproveitamento dos lançamentos.

O segundo grupo, que não havia treinado, não apresentou melhora nenhuma.

O terceiro grupo, que treinou apenas em imaginação, melhorou 23 %.

Se você observou, o treinamento mental praticamente equivaleu ao treinamento físico. Eis aí uma indicação para você melhorar a pontaria dos chutes, o malabarismo dos dribles, a perfeição dos passes, a rapidez das arrancadas. O goleiro pode imaginar-se imbatível, defendendo todas as investidas, até mesmo aquelas bolas entortadas que procuram a última gaveta do ângulo.

O craque aproveita tudo que a ciência oferece de novidade para melhorar sua performance. Um jogador medíocre, de pouca inteligência, rirá disso tudo e não mexerá um dedo para testar a veracidade.

O craque vê, nessa colocação, uma bela oportunidade para aproveitar os avanços da ciência mental e se adianta a fazer as experiências propostas que, sem dúvida, trarão belos resultados na sua profissão.

CAPÍTULO 11

A Torcida

A Torcida é a alma do futebol. É o vulcão que derrama a lava incandescente da energia sobre o seu time. É o fogo olímpico lançado às mãos dos seus jogadores.

A torcida é a avalanche que desaba sobre o coração dos seus gladiadores, impelindo-os ao bom combate, à bravura, à vitória.

Para a torcida, não existe temporal, nem má fase, nem série A ou B, nem distância - existe a camiseta, a paixão, a alegria do jogo.

Torcida é coração na mão e olhos no campo. Torcida é prazer, aplauso, urras, cantares, gritos de animação. Torcida é o uníssono cósmico.

O torcedor sente um verdadeiro encantamento pelo time. Por ele, desmarca encontros, suspende casamentos, proclama a república, demite a morte, escala o Everest, faz qualquer coisa.

Seu time é seu programa mais alto, seu culto, sua expectativa perene.

Estou falando do legítimo torcedor. Mas, perambula por aí o pseudo-torcedor, o lobo em pele de camiseta, o delinqüente fingido de devoto ardoroso, o idiota metido a defensor da honra do time e do clube. Esses são mulas-sem-cabeça: por não dispor de cabeça, dão coices em todo mundo, querem briga porque querem, destroem a coices e pontapés banheiros, muros, portas e o que aparece pela frente. Mandam foguetes contra o campo na hora em que o time corre atrás do tempo e do placar, jogam bombas contra o adversário justamente quando o seu time está ganhando e precisa preservar o andamento normal da partida. Dizem que fazem tudo pelo time, mas jogam pedras, radinhos, garrafas, para que a justiça feche os portões do estádio e o time tenha que jogar sem ninguém, num outro lugar, com enormes prejuízos. Bota estupidez nisso. São incoerentes e burros. Só servem para prejudicar seu time. Doentes mentais. Analista neles.

É visto que essa gangue não aprecia nem seu time e nem futebol, só fica olhando a torcida contrária para armar um barraco. São a escória do futebol, mesmo que tapem a pele com camiseta e a cara com as cores do time que eles dizem amar. Se amam, são como o amante que mata a amante por volúpia doentia da paixão.

Outra classe de gente desviada do seu centro mental, embora pouco perigosa, é a daqueles que mais se interessam em comemorar a derrota do adversário do que a vitória do seu time. Não gastam um foguete para seu time, mas jogam fora meio salário para festejar a derrota do inimigo. Para eles, não há adversário, mas inimigo. E inimigo é sinônimo de ódio, guerra, matança. Seus impulsos os levam a se comprazer em dar na cara dos seus inimigos, em tripudiar, em acirrar os adversários, apertar-lhes o gogó, gerar revides. Daí a pouco, a doença mental evolui e lá podem estar eles praticando crueldades contra pessoas que não coincidem com suas crenças e preconceitos.

O estádio deve ser o lugar sagrado, o panteão de grandes e felizes encontros e não mostruário de mazelas mentais.

Se esses abusos forem coibidos, teremos os estádios como grandes parques de diversão, onde se reúnem pais, crianças, jovens, namorados, cidadãos de todos os tipos e categorias, brincando, cantando, se alegrando, vibrando, festejando ou lamentando. Mas, o silêncio do estádio, no dia seguinte, não será um silêncio de morte, mas um sussurro de bons ventos.

CAPÍTULO 12

Deus

Não é preciso falar em Deus para jogador de futebol. É algo bem arraigado no seu âmago. Deus é o centro de sua crença. Há muitos sinais, manifestados exteriormente, que revelam a dimensão da sua crença. Por exemplo: fazer o sinal da cruz ao pisar o gramado, persignar-se após um chute, certas legendas fixadas em camisetas, orações conjuntas dos atletas em partidas importantes, assim por diante.

É certo que o atleta, que alimenta espiritualidade, é mais saudável, mais confiante e obtém melhores resultados, porque acredita piamente que Deus o ajudará. Há pesquisas que indicam isso.

Deus é como o sol: não só se ilumina e se aquece como expande sua luz e seu calor para tudo e para todos. O sol não escolhe pessoas. Ninguém é proprietário do sol. Eis uma boa comparação com Deus, embora limitada.

O craque tem sua crença, mas respeita a crença dos colegas. Não é fundamentalista e nem fanático. Não acha que o sol é apenas seu e só brilha para si.

O escritor francês Voltaire (1694-1778), iluminista, disse, certa vez: "O fanatismo religioso produz mais males que o ateísmo".

- O que é fanatismo?

- Fanático é quem pensa que seus inimigos são inimigos de Deus - escreveu Andrew Dickson White, (1832-1918).

O craque vive sua religião e deixa que cada um viva a própria religião.

Jamais haja discórdia entre jogadores por causa de crenças. Até porque a essência de toda religião é esta: Deus na vertical e o amor na horizontal.

O craque que acredita em Deus, que faz sua oração confiante, é mais sereno, mais saudável, resolve melhor os conflitos e supera com fé e paz de espírito os momentos difíceis.

O grande lance do craque é saber que, em todas as circunstâncias, principalmente quando falham todos os meios humanos, Deus é o Poder maior, capaz de resolver positivamente tudo o que a vontade humana não consegue. É por isso que o craque não gasta energias em tristezas prolongadas, depressões e medos. Ele e o Deus que habita seu íntimo são a força todo-poderosa contra a qual nada nem ninguém pode. Com essa crença firme, o craque não se abate e nem esquenta a cabeça com macumbas, despachos, sapo costurado e outras imagens negativas. Sei que um jogador pode argumentar, por experiência própria, que fazer um "trabalho" produz resultado. Não há rebate melhor do que responder que a Força Maior e Insuperável é Deus, o resto é o resto.

Mas, tem um detalhe: nós somos resultado de nossas crenças. Se um atleta acredita em feitiço, ou em praga, tudo indica que vai acontecer, não pelo poder do feitiço ou do feiticeiro e sim pelo próprio poder, pois nós somos o que pensamos e acreditamos. Ao pensamento segue-se a reação, à reação segue-se a ação e à ação segue-se a materialização.

O que faz o craque? Por ser pessoa ponderada, objetiva e inteligente, ora a Deus, ou a Jesus, ou a Nossa Senhora, ou ao santo de sua devoção, porque a Luz sobrenatural apaga qualquer resquício de treva.

O salmo 90 da bíblia pode ser decorado e proferido em qualquer momento, pois ele é uma forte oração de proteção divina:

"Nenhum mal há de chegar perto de mim;
nenhuma desgraça baterá à minha porta;
pois o Senhor deu uma ordem aos seus anjos
para, em todos os caminhos, me guardarem".

O atleta sentir-se-á bem se proferir essa afirmação quando entra em campo, nas horas complicadas, nas situações perigosas e de medo, quando dirige carro, assim por diante. Neste salmo, disse Deus: "Ao invocar-me, eu ouvirei e atenderei!"

E Deus não falha.

FIM

Índice

IMPRESSÃO:

GRÁFICA EDITORA
Pallotti
IMAGEM DE QUALIDADE

Santa Maria - RS - Fone/Fax: (55) 3220.4500
www.pallotti.com.br